Falk Jaeger | Peter Dinse (Hg.)

Denkmalpflege kreativ

20 anregende Beispiele aus Hamburg

GUDBERG

Gestaltung: Jan Mueller-Wiefel
Produktion: Gutenberg Beuys // Feindruckerei
1. Auflage 12/2007
ISBN 978-3-940558-36-7

Der Verlag GUDBERG ist der Publishing-Part der
GUDBERG Unprinted Media GmbH & Co KG, Hamburg
[www.gudberg.de]

Titel: Ehemalige Hypothekenbank, Foto: Christian Schaulin
Rückseite: Lichtgraben im Hauptgebäude der Universität, Foto: Hagen Stier

Inhalt

9	Vorrede Denkmalschutzamt Hamburg
10 – 13	„Wider den Kulturpessimismus"	Essay
	Projekte
16 – 23	Casino Esplanade
24 – 27	Kesselhaus Hafencity
28 – 35	HHLA-Verwaltung
36 – 39	Katharinenhof
40 – 49	Bürowelten Elbschlossbrauerei
50 – 53	Kontorhof Lackfabrik Maleco
54 – 61	Sanierung Hauptgebäude der Universität
62 – 67	Sanierung Kontorhaus Meßberghof
68 – 75	Revitalisierung Autofabrik Grindel
76 – 85	Büro und Dachgeschossappartement
86 – 89	Sanierung Dragonerstall
90 – 97	Kaispeicher B
98 – 105	Sanierung Kontorhaus Sprinkenhof
106 – 109	Townhouses Fahrzeughallen Falkenried
110 – 119	Umnutzung Ehemalige Hypothekenbank
120 – 127	„Haus im Haus" der Handelskammer Hamburg
128 – 135	Stadtlagerhaus
136 – 141	Architekturbüro Spengler Wiescholek
142 – 147	Aztekenkontor
148 – 153	Hotel im Wasserturm
154 – 161	Projektdaten und Architekturbüros
162	Gefördert durch…

 40
 50
 54
 62
 68
 76
 110
 120
 128
 136
 142
 148

DIPL.-ING. LUIS MORENO-FERNANDEZ

geboren 1942 in Merida/Spanien, verbrachte seine Kindheit 1951-55 in Montevideo und die Jugend in Madrid. Er studierte 1965–1971 in Kiel und Hamburg Architektur und arbeitete anschließend als Architekt in Hamburg, u.a. bei Professor Grundmann. Über ein Gutachten zum Fischmarkt kam er in Kontakt mit der Denkmalpflege. 1977 trat er in das Denkmalschutzamt der Hansestadt Hamburg ein und wirkte dort bis zu seiner Pensionierung 2007 als Denkmalpfleger.

PROF. DR.-ING. FALK JAEGER

geboren 1950 in Ottweiler/Saar, studierte Architektur und Kunstgeschichte in Braunschweig, Stuttgart und Tübingen. Er wurde an der TU Hannover promoviert und ist apl. Professor für Architekturtheorie der TU Dresden. Er arbeitet als freier Publizist, Kurator und Architekturkritiker in Berlin.

PETER DINSE

geboren 1945 in Hamburg, absolvierte nach einer Handwerkslehre sein Architekturstudium in Hamburg und Berlin. 1976 gründete er ein Architekturbüro, das er seit 1990 bis heute mit zwei Partnern als „dinsefeestzurl" führt.

Vorrede

„Bewahren, Entwickeln, Erneuern" – diesen Themenkreis behandelte die vom Hamburger Denkmalschutzamt vor drei Jahren herausgegebene Publikation „Denkmalwelten der Großstadt", in der exemplarisch Fallbeispiele für weitergenutzte, brachgefallene Industrieanlagen der vergangenen zwei Dekaden vorgestellt wurden.

Die Hamburger Denkmalpflege hat in den vergangenen drei Jahrzehnten das sich zwischen gesetzlichem Erhaltungsauftrag und einer von wirtschaftlichen Prämissen bestimmten, auf Expansionskurs befindlichen Stadtentwicklung ergebende Spannungsfeld stets als besondere Herausforderung angenommen. Es zeigt sich, dass ein ausschließlich unter dem rückwärts gewandten Gesichtspunkt des konservierenden Bewahrens betriebenes konservatorisches Handeln kein konstruktiver Beitrag für angemessene Erhaltungsmaßnahmen an großstädtisch geprägten Baudenkmalen darstellen kann. Die Praktischen Denkmalpfleger des Hamburger Amtes haben sich bei ihrem Einsatz um die Erhaltung denkmalwerter historischer Bausubstanz, sei es das typische hanseatische Kontorhaus, sei es ein ehemaliges, brachliegendes Fabrikgebäude oder seien es historische, ihrer ursprünglichen Funktion beraubte, größere städtebauliche Zusammenhänge dokumentierende Areale wie Hafen-, Industrie- oder Krankenhausanlagen, immer darum bemüht, Optionen für die in die Zukunft gerichteten Entwicklungsmöglichkeiten einzelner Baudenkmale sowie raumgreifender Gesamtanlagen zu eröffnen.

So verstandenes Handeln setzt eine enge Kooperation mit Eigentümern, Investoren und Projektentwicklern und vor allem den planenden Architekten voraus. Wer als Konservator bewusst einer flexiblen, auf wirtschaftliche Gegebenheiten reagierenden Arbeitsweise folgt, muss zugunsten erhaltungssichernder, weiterführender Nutzungsmöglichkeiten bauliche Veränderungen bewusst ins denkmalpflegerische Kalkül einbeziehen.

An dieser Schnittstelle des Weiterbauens begegnen sich die Bewahrungsstrategien der Denkmalpflege mit den erforderlichen funktionsspezifischen und überwiegend wirtschaftlich definierten Nutzungsfestlegungen und ihrer gestalterischen Umsetzung durch den Architekten.

Die vom Konservator bewusst akzeptierte bauliche Veränderung beziehungsweise Ergänzung bestehender Baudenkmale darf keinesfalls als leichtfertige Preisgabe erhaltenswerter historischer Bausubstanz zugunsten vordergründiger Profitmaximierung verstanden werden. Erst im partnerschaftlichen Zusammenführen der unterschiedlichen Interessen eröffnet sich oftmals die angestrebte Erhaltungsmöglichkeit für das Denkmal. In diesem Zusammenspiel von erhaltungswilligen Eigentümern und Investoren, ihren Architekten und den Denkmalpflegern hat Hamburg in den vergangenen 30 Jahren ein aufregendes Kapitel der kreativen Aneignung und der gestalterischen Weiterentwicklung vieler Baudenkmale geschaffen.

Dabei wurde den Architekten für die Gestaltung nutzungsbedingter Eingriffe oder wirtschaftlich sinnvoller Ergänzungen die volle Gestaltungsfreiheit in einer modernen, den Gegebenheiten unserer Zeit entsprechenden Architektursprache zugestanden. Diese fruchtbare Zusammenarbeit ist vor allen anderen dem Denkmalpfleger Luis Moreno zu danken, der im Mai 2007 nach knapp 30 Jahren im Denkmalschutzamt in den Ruhestand trat. Ihm wollen die Architekten der 20 in diesem Buch vorgestellten Objekte auf diesem Weg ihren besonderen Dank sagen.

Gerade dieser kompromisslose, bisweilen geradezu avantgardistische Umgang mit der historischen Bausubstanz hat Hamburg unter den deutschen Großstädten eine Vorreiterrolle übernehmen lassen, die es für die Zukunft weiter zu verfolgen gilt.

Angesichts der in der vorliegenden Publikation versammelten Gestaltungskraft und Kompetenz der an diesem Entwicklungsprozess beteiligten Denkmalpfleger und Architekten muss einem nicht bange sein.

Gabriele Bohnsack-Häfner, Volker Konerding, Albert Schett
[Denkmalschutzamt Hamburg]

Wider den Kulturpessimismus

„Der Denkmalpfleger arbeitet im Interesse von Leuten, die noch nicht geboren sind". Der das sagt, der Hamburger Denkmalpfleger a.D. Luis Moreno, hat in seiner Arbeit stets diese Interessen vertreten, wie es natürlich alle Denkmalpfleger tun, die sich um die Erhaltung des bauhistorischen Erbes bemühen, damit es auch späteren Generationen noch vor Augen steht. Dass ein Denkmalpfleger auch im Interesse der Architekten arbeitet, mit denen er gemeinsam Kulturdenkmale saniert, ist hingegen nicht unbedingt Usus. Meist fühlen sich die Architekten vom Denkmalpfleger behindert, eingeengt, bevormundet, jedenfalls unverstanden. Im Hamburger Denkmalschutzamt war das anders. Dort fanden die Architekten immer ein offenes Ohr, fühlten sie sich verstanden und fanden jemanden, der ihre Sprache spricht. Oft genug wurden sie angeregt, angespornt zu besonderer Kreativität, zu neuen, undogmatischen und überraschenden Entwürfen, die dem Denkmal nicht durch respektvolle Anpassung, sondern durch besondere Qualität gerecht werden.

Kreativität in der Denkmalpflege muss nicht mit spektakulären Brüchen, Konfrontationen oder exaltierten Formaussagen einhergehen. Oft ist es auch der einfühlsame Umgang mit dem Vorgefundenen, der, wenn in zeitgenössischer Formensprache ausgeführt, besondere Kreativität erfordert. Dann kommt es zu bemerkenswerten Lösungen, die sich einfügen, als seien sie schon immer am Ort gewesen. So geschehen bei der Sanierung des Hauptgebäudes der Universität.

Oft scheint es einfacher zu sein, gegen das Historische rückhaltlos Modernes zu setzen, zum Beispiel eine einigermaßen passabel detaillierte Glasbox auf oder neben eine historische Fassade. „Selbstbewusst Neu gegen Alt gesetzt", lautet dann die Interpretation, und die Legitimation wird gewiss gleich mitgeliefert. Das kann gut gehen, wie bei der ehemaligen Hypobank. Doch wie viel Würde ist zum Beispiel dem ehemaligen Kraftwerk Karoline verblieben, das sich unversehens durch den in einem völlig anderen Maßstab lebenden Neubau der Messe überfangen

und eingerahmt wiederfand? Als ein Stück Nippes im Setzkasten kann der Backsteinbau sich nicht mehr entfalten und wäre wohl doch besser abgerissen worden.

Wenn ein Renaissance-Baumeister eine gotische Stadtkirche zu erweitern hatte, wäre es ihm nicht im Traum eingefallen, dies in gotischen Formen zu tun. Architektonisches Erbe wurde aus Gründen der Ökonomie und, wir würden heute sagen, der Nachhaltigkeit erhalten und gepflegt und ist deshalb auf uns gekommen, nicht weil die Altvorderen die Baukunst ihrer Vorfahren so kritiklos geschätzt hätten wie wir das heute tun. Die Kriterien dafür, welche historischen Bauwerke qualitätvoll sind und welche nicht, haben wir heute ohnehin verloren. Die Baugeschichte ist der Architekturkritik entzogen.

Was heute als eine der grundsätzlichen, aber alternativen Positionen in der Denkmalpflege gilt, war vor der Einführung der Idee der Denkmalpflege im neunzehnten Jahrhundert die Normalität, nämlich das neue Bauen in historischem Kontext, der Ersatz, die Erweiterung, die Ergänzung des Historischen durch Neubau in zeitgemäßer Formensprache.

Der Grundsatzposition der Denkmalpflege, dass die kulturelle Identität jeder Zeit in einer spezifischen Architektur ihren Ausdruck findet und es geboten ist, dieser auch zu Gültigkeit zu verhelfen, also selbstverständlich auch der heutigen, steht gegenwärtig die zwar umstrittene, aber durchaus gängige Praxis der Rekonstruktion historischer Zustände als Antipode gegenüber. Irgendwo zwischen diesen beiden Polen wird sich der Umgang mit bauhistorischen Situationen abspielen. Kreative Denkmalpflege wird den Regler immer recht weit Richtung zeitgenössisches Entwerfen schieben.

Und hier trafen die Ambitionen der engagierten Hamburger Architekten auf einen Denkmalpfleger, dem ihr eigenes Denken und Streben nicht fremd war. Der von einem anderen Paradigma ausgegangen ist als Denkmalschutz und Denkmalpflege dies landauf, landab tun. Nicht im Verzögern, Verhindern, Schützen des Überkommenen um jeden Preis sah Luis Moreno den besten Weg, den Denkmalen gerecht zu werden, aber in der Initiierung zeitgenössischer, qualitätvoller Lösungen des Weiterbauens, die nicht durch Anpassung, sondern durch ihre Gestaltqualität dem Denkmal Ehre erweisen. Die Aufgabe gemeinsam mit den Architekten von der anderen Seite her angehen, ist die Strategie. Die Architekten zu Höchstleistungen anspornen und dann sehen, wie diese bei geringst möglichen Zugeständnissen realisiert werden können, ist die Methode der kreativen Denkmalpflege.

Wie sehr sich das Bewusstsein um architektonische Werte und die Wertschätzung historischer, vornehmlich historistischer Architektur gewandelt hat, wird oft genug beim Vergleich der sanierten Denkmale mit dem Vorzustand deutlich. Gibt es ein gewisses Verständnis für die Notsituation nach dem Krieg, die zu schlichten Aufstockungen und Notdächern teilzerstörter Gebäude geführt hatte, so ist es heute oft unvorstellbar, auf welch gestalterisch banale Weise etwa in den sechziger und siebziger Jahren umgebaut wurde. Wie ohne Beachtung des Bestandes gebastelt und gepfuscht wurde, wie Raumzusammenhänge verbaut, Innenausbauten vernagelt oder ganz herausgerissen, wie Farbkompositionen konterkariert wurden.

Nimmt man sich solcher Denkmale an, so ist oft mit dem Herausreißen späterer Zutaten und der Wiederherstellung der originalen Verhältnisse schon die halbe Arbeit getan und ein hinreißendes Ambiente gewonnen, ohne dass eigentliche Rekonstruktionsmaßnahmen vorgenommen werden mussten, etwa bei der ehemaligen Hypothekenbank oder dem HHLA-Gebäude.

Meist jedoch, und bei den gezeigten Beispielen eigentlich immer, war zur Ergänzung, zur Reparatur, zum Umbau für die neuen Nutzungen die Kreativität der Architekten gefragt. Sei es, um verlorene Zustände, Zerstörungen, Fehlstellen so zu ergänzen, dass die Maßnahmen als gestalterisch hochwertige zeitgenössische Bauleistung erkennbar bleiben und nicht geschichtsverleugnende Rekonstruktion sind, die das Schicksal des Denkmals ungeschehen macht. Oder sei es als Ergänzung und Erweiterung des eigentlichen Denkmals um funktional notwendige Neubauteile, die mit dem historischen Bau in Symbiose leben und stilistisch mit ihm in einen spannenden Generationendialog treten.

Dieser Dialog ist es, der Denkmalpfleger Moreno im Besonderen interessiert. Er denkt und fühlt hier mehr wie seine Architektenkollegen und weniger wie ein Denkmalschützer alter Prägung. Gemeinhin sieht die Rollenverteilung so aus, dass der mit einer Denkmalsanierung befasste Architekt auf Kosten des Denkmals „sich verwirklichen will". Der Denkmalschützer wittert bei jeder Maßnahme Raubbau am Denkmal und verteidigt die historische Substanz zäh und mit hinhaltendem Widerstand so weit es geht. Oft findet eine qualitative Bewertung der sakrosankten Substanz nicht statt, und schon gar nicht eine Abwägung gegen die Qualität neu entworfener Teile, die ein Gewinn sein könnten und denen unter Umständen Historisches zu opfern wäre.

Luis Moreno beschritt mit den Architekten immer den anderen Weg, bewog sie zunächst zur Entwicklung eigener Ideen, animierte sie zum Entwerfen und versuchte dann, als qualitätvoll erkannte Lösungen möglich zu machen. Dabei war immer das Gesamtergebnis im Blickfeld, auch der städtebauliche Gewinn. Dass er im Interesse dieser Strategie ein hohes Maß an Toleranz an den Tag legte und manchmal zu erstaunlichen Zugeständnissen bereit war wie etwa bei der Elbschlossbrauerei oder beim Hotel im Wasserturm, ist eine Seite der Medaille, dass dabei statt geistloser Rekonstruktionen und langweiliger Anpassungslösungen eine Vielzahl von interessanten und wunderbaren Projekten verwirklicht werden konnte die andere. So manches zweitrangige Baudenkmal wurde auf diese Weise erst zu einer bemerkenswerten architektonischen Leistung geadelt, die im Stadtgefüge Eigenleben entwickelt; so manche historische Aussage wurde durch die Konfrontation mit dem Neuen erst zum Sprechen gebracht und überhöht. Nicht in der Rekonstruktion und möglichst „originalgetreuen" (der Begriff muss hier ohnehin in Anführungszeichen

„Denkmalpflege ist keine museale Handlung"
(Luis Moreno)

gesetzt werden) Rückgewinnung einer historischen Situation zeigt sich historisches Bewusstsein und verantwortlicher Umgang mit dem Denkmal, sondern in der Überzeugung, dass seit jeher Um- und Weiterbauen mit zeitgenössischen Mitteln bei gleichzeitiger Achtung des Überkommenen der Normalfall gewesen ist und Handlungsgrundlage sein muss. Und man darf wohl annehmen, dass viele der zeitgenössischen Um- und Anbauten in späteren Kulturepochen ihrerseits als denkmalwert angesehen werden.

„Denkmalpflege ist keine museale Handlung" sagt Luis Moreno und hält die „Dresdner Art" des Neubaus einer Altstadt für Kulturpessimismus. Er und seine Kollegen im Denkmalschutzamt Hamburg sind allerdings auch nie mit derlei Rekonstruktionsbegehren konfrontiert worden, wie sie in Dresden, Frankfurt am Main oder Berlin ventiliert werden. Aber die Frage stellt sich eben auch im Kleinen, an Teilbereichen existierender Denkmale, und sie wird in Hamburg eindeutig beantwortet.

So ist in Hamburg heutzutage eine Vielzahl an hochinteressanten, von Moreno und seinen Kollegen betreuten Bauwerken anzutreffen, die die Baugeschichte der Stadt zum Sprechen bringen und dennoch Zeugnisse einer zeitgenössischen, nach vorn schauenden Architekturhaltung darstellen und es besteht gute Aussicht, dass in naher Zukunft in der bewährten Haltung weitere Beispiele kreativer Denkmalpflege dazukommen werden.

20 Projekte

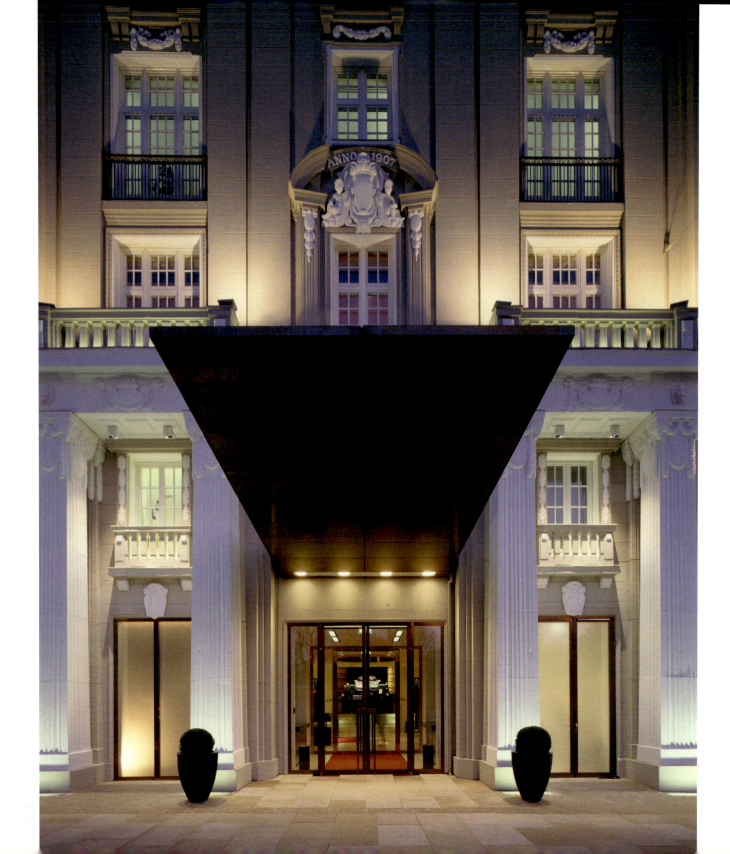

Faites vos jeux!

Die Würde ist mit modernem Formenrepertoire ins Esplanade zurückgekehrt

Links: Repräsentativer Haupteingang ins Casino // Oben: Hauptgewinn in der Eingangshalle

[BÖGE LINDNER ARCHITEKTEN]

Die Behandlung und Würdigung als Denkmal ist dem ehemaligen Hotel Esplanade jahrzehntelang versagt geblieben. Sein schauerliches Schicksal führte im Lauf der Zeit zum nahezu vollständigen Verlust der originalen Innenarchitektur, und dies ganz ohne Kriegseinwirkungen! 1907 als großbürgerliches Luxushotel in einem zwischen Rokoko und Klassizismus vagabundierenden Zeitstil erbaut, war es nie so recht erfolgreich und wurde schon 1939 zum Bürohaus umgewidmet (Phrix-Haus). Nach dem Krieg erlebte es nochmals eine kurze Zeit als Hotel. Cäsar Pinnau baute 1948 in den Ballsaal das Premierenkino Esplanade ein, das bis 1982 bespielt wurde.

Eine heute kaum mehr vorstellbare Barbarei war der Durchbruch einer öffentlichen Passage quer durch das Gebäude mit Brücken zum Dammtorbahnhof und zu den Colonnaden, wobei das Haupttreppenhaus und die Eingangshalle schlicht im Weg waren und ausgeräumt wurden. Den Rest besorgte Werner Kallmorgen, der das Haus 1974 für die Norddeutsche Genossenschaftsbank in moderner Architekturhaltung umbaute und dabei alle historischen Interieurs auf den Müll werfen ließ. 1982 mutierte auch das Kino zum Großraumbüro.

Als 1994 eine Generalsanierung mit Asbestentfernung anstand, kamen die Architekten Böge Lindner ins Spiel. Sie kernten die oberen Geschosse bis auf die Tragkonstruktion aus und bauten das vierte und fünfte Geschoss gänzlich und die Geschosse zwei und drei zum Teil für Konferenz- und Büronutzung der DZ-Bank um. Die Dignität vornehmer Zurückhaltung war gestalterisches Leitbild. Geschliffene Sandsteinplatten im Entrée, Schiffsparkett in den Sitzungsräumen und vor allem das an Handläufen, Griffen, Tür- und Deckenprofilen immer wiederkehrende Messing schaffen eine etwas gehobenere Atmosphäre. Den Dach-

körper füllt eine zweigeschossige Passage mit Säulenreihen und gewölbten Glasdecken.

Nachdem das Gebäude 2004 abermals den Besitzer gewechselt hatte, ging es an den Umbau der beiden unteren Geschosse. Die unsägliche Brückenpassage war wieder abgerissen worden und der Haupteingang konnte wieder in ein angemessenes Vestibül geführt werden.

Nobles Ambiente war wieder angesagt, sollte doch in den zwei Stockwerken eine Spielbank einziehen. Die Belle Epoque Monte Carlos oder der Pomp aus dritter Hand wie in Las Vegas sind dafür als Vorbilder präsent. Beides kam für die Architekten nicht in Frage. Sie wollten versuchen, die elegante, gedämpfte Clubatmosphäre mit modernen Mitteln zu evozieren. Schon der Empfangstresen gibt die Farben vor: rote Rückwand mit herabrinnendem Wasserfilm, schwarzes Corian für die Einbaumöbel, gestreifte Messingpaneele. Messing ist ohnehin allgegenwärtig, vor allem als Material für die Deckenabhängung und die Einbauleuchten.

Im Hochparterre findet das „Kleine Spiel" an Automaten verschiedenster Art statt, wofür das Ambiente vielleicht etwas zu vornehm ausgefallen ist. Im Obergeschoss dann das „Große Spiel" sowie Black Jack an Kartentischen. Die Säle an der Stirnseite des Gebäudes dienen als Gesellschaftsräume.

Bis auf wenige Reste, ein Nebentreppenhaus mit zum Teil originalen Neorokokogeländern und stuckierte Stirnwände im Gartensaal, erinnert nichts mehr an die Würdeformen der wilhelminischen Epoche. Doch die Würde ist mit dem modernen Gestaltungsrepertoire in das Gebäude zurückgekehrt.

Rekonstruierte Fassade mit abendlicher Effektbeleuchtung

Empfang mit roter Wasserwand

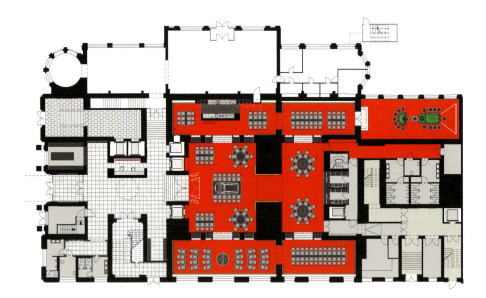

„Großes Spiel" im Obergeschoss

Atem rußgeschwängerter Vergangenheit
Der Umbau des historischen Kesselhauses in der Speicherstadt zum Informationszentrum

Südseite mit Verwaltungsbau, Kesselhalle und Kondensatorturm // Rechts: Nordseite mit Sandbrücke

[GMP ARCHITEKTEN VON GERKAN, MARG UND PARTNER]

Nur als Stützpunkt für Dienstwagen des Vorstandes? Das alte Kesselhaus, die ehemalige Energiezentrale der Speicherstadt, hatte Besseres verdient. Fand Volkwin Marg und schlug der HHLA vor, in dem geschichtsträchtigen Backsteinbau eine Art „Infobox" einzurichten, wie sie sehr erfolgreich am Potsdamer Platz in Berlin gestanden hatte, dort als signalroter Container: ein Infozentrum, in dem man sich ständig über den Fortgang der Entwicklung des prosperierenden Stadtentwicklungsprojekts HafenCity unterrichten kann.

Irgendwie sieht es aus wie ein Kriegsschaden, als habe man den weggebombten Bauteil zwischen den Schornsteinen nicht wieder in voller Höhe aufgebaut. Es handelt sich jedoch bei dem niedrigen Trakt zwischen den Schornsteinsockelbauten um das originale Kesselhaus, in dem die kohlefressenden Ungetüme zur Dampferzeugung standen. Große Probleme ergaben sich bei der Neunutzung durch die Höhe der Ebenen. Das Niveau des Untergeschosses auf 1,50 m, wo die Kessel standen, wird mittlerweile regelmäßig vom Hochwasser aufgesucht. Das Straßenniveau 5,50 m ist auch nicht mehr sicher. Orientiert an den Fenstern des Verwaltungsgebäudes schlug der Architekt deshalb vor, den Keller zu verfüllen und die Nutzebene auf 6,60 m anzuheben. Wenn man die wertvollen Modelle der Ausstellung auf 90 Zentimeter hohen Tischgestellen präsentiert, so die Überlegung, ist man auf der sicheren Seite.

Um Licht in die Kesselhalle zu bringen, öffneten die Architekten die Nordfassade zwischen den Wandpfeilern. Stählerne Unterzüge und die modernen Fenster machen den Eingriff als neue Zutat kenntlich. Eine Terrasse vor den Fenstern bietet Platz für einen Freisitz des Bistros mit schönem Blick auf die von der Sonne beschienenen Speichergebäude am Brooksfleet.

Kesselhalle mit Ausstellungseinrichtung

Der Ausstellungsraum lebt vom industriellen Charme des Ambientes und von der offen liegenden Dachkonstruktion. Eine Seitentreppe führt in den östlichen Kondensatorturm, der als roher, unveränderter Raum bestehen blieb und der den Blick magisch in die Höhe zieht. Der dunkle Schlund atmet noch etwas von der Atmosphäre der lärmenden und rußgeschwängerten Vergangenheit.

Viel von seiner zeichenhaften ursprünglichen Form hatte das Kesselhaus verloren, da die beiden nutzlosen, im Unterhalt teuren Schornsteine längst abgebrochen worden waren. Zumindest ihre Silhouette wurde als Erinnerung wiedergewonnen, indem die äußere Form durch Stahlfachwerkkonstrukte simuliert wurde. Sie können durch Beleuchtungseffekte zu Werbezwecken aktiviert werden.

Die neue sinnstiftende und publikumswirksame Nutzung des für die Erinnerung an die historische Speicherstadt bedeutsamen Kesselhauses und ihre architektonische Umsetzung sind ein Glücksfall für die HafenCity und die Rückbindung des ehrgeizigen Zukunftsprojekts in die Geschichte des Ortes und der Stadt.

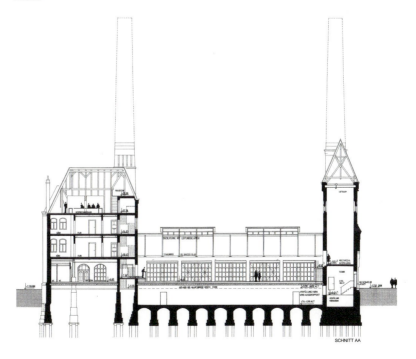

Neue Zutaten zum Mixtum compositum

Die Sanierung des Speicherrathauses der HHLA

Links: Neue Treppenhalle im Speichergebäude // Oben: „Rathaus" der Speicherstadt bei St. Annen

[GMP ARCHITEKTEN VON GERKAN, MARG UND PARTNER]

Mit großen Bogenfenstern, Erkern, Giebeln aus Werkstein und einem kleinen „Rathausturm" zeigt sich der Kopfbau der Lagerhauszeile in der Speicherstadt als etwas Besonderes: Im „Speicherrathaus" residierten Direktorium und Verwaltung der HHLA Hamburger Hafen- und Lagerhaus AG, die heute unter Beibehaltung des Kürzels statt des „Lagerhauses" die moderne „Logistik" im Namen führt. Die Backsteingotik der Speicher wurde als Werksteindekor verfeinert. Gen Himmel nobilitiert sich der Bau und bedient sich bei den Giebeln und Turmhelmen der Renaissancebauformen, dabei offenkundig den repräsentativen Gestus des Hamburger Rathauses zitierend.

Im Krieg wenig beschädigt, konnte die prächtige Außengestalt durch punktuelle Reparaturen originalgetreu wieder hergestellt werden. Im Inneren jedoch war der Bau gründlich „umbauzerstört", wie es der Architekt Volkwin Marg ausdrückte. Er hatte sich des Hauses angenommen, um es zu sanieren und es mit den benachbarten Speichern zu verbinden, die zu Büroflächen umgewidmet werden sollten. So begannen die Maßnahmen mit dem rigorosen Ausräumen der Umbauten der fünf Jahrzehnte seit dem Krieg und des Aufzugsturms im Foyer und in der ehemaligen Schalterhalle im Erdgeschoss. Und schon konnte sich der einstige Raumzusammenhang wieder entwickeln.

Zwei fehlende klassizistische Granitsäulen wurden ersetzt und das repräsentative Treppenhaus freigelegt. Für die Flure mit ihren prächtig gefliesten Wänden in den beiden ersten Obergeschossen suchte man intakte Fliesen aus dem ganzen Haus zusammen. Auch im Lichthof wurden die restlichen erhaltenen Bodenfliesen geborgen und zu einem neuen Muster zusammengestellt. Wo die historische Inneneinrichtung wie zum Beispiel der getäfelte Vorstandssitzungssaal nicht mehr hinter Wandverkleidungen und vielen Anstrichlagen hervorzulocken war, wurde das Interieur in heutigem, modernem Stil eingebaut. Als „Mixtum compositum" (Marg) wurde das eklektizistische Collageprinzip des Ursprungsbaus einfach weiterbetrieben.

Die Glasdachkonstruktion im Lichthof über dem Erdgeschoss verschwand und wurde durch ein luzides, feingliedriges Glasdach in Höhe des Daches ersetzt (eine delikate Konstruktion von Jörg Schlaich). So ergab sich ein haushohes lichtdurchflutetes Atrium, in dem nun ein Aufzug in einem freigestellten Stahlturm seine Dienste tut. Er steht an der Grenze zum Nachbarbau, einem ehemaligen Speicher und erschließt beide Häuser gemeinsam. Besonders reizvoll: Da das Glasdach knapp unter der Firstlinie schwebt, liegt der oberste Umgang im Atrium auf Höhe der ehemaligen Dachrinne. Der Zugang zu den Büros im schiefergedeckten Dachkörper erfolgt von außen durch die ehemaligen Dachgauben. Im Übrigen verbessert der Innenhof die Energiebilanz des Hauses beträchtlich, sodass es energiebilanzmäßig vertretbar erschien, die Außenfenster – fein profilierte Stahlsprossenkonstruktionen – beizubehalten, sie aufzuarbeiten und sie lediglich mit etwas dünneren ThermoPen-Scheiben zu bestücken, ein Segen für die Außenansicht des Gebäudes.

Sowohl die „gemütlichen" Büros im Dach, als auch die Räume im ehemaligen Speicher nebenan sind von einer großartigen räumlichen Attraktivität und Atmosphäre, wie sie ein Neubau kaum je zu bieten hat. Das mächtige Holzskelett des Speichers erinnert an den Ratssaal eines süddeutschen Rathauses in alemannischem Fachwerk. Um den Bau mit seinen gestapelten „Böden" erlebbar zu machen, um die Gebäudetiefe zu belichten und kommunikative Raumzusammenhänge zu schaffen, haben die Architekten im Mittelschiff Böden herausgenommen. So entstanden zwei- und dreigeschossige inneren Hallen mit internen Verbindungstreppen. Die Trennwände zu den Büros bestehen aus Glas. Die Türen stehen alle offen – das Angebot des kommunikativen gemeinsamen Arbeitens ist offenbar angenommen worden.

Der östlichste Bauteil ist ein Speicher aus den zwanziger Jahren, nun als Betonskelett mit selbsttragender, gemauerter

Entkernter Lichthof mit neuem Aufzugturm und Glasdach in Traufhöhe

Glasdach des Lichthofs // Vorige Seite: Büroetage im Speichergebäude

Außenwand ausgeführt. Auch bei ihm zeigt sich die historische Konstruktion gleichsam zelebriert und wird ergänzt durch moderne Einbauten wie Trennwände und Nasszellen von hoher Designqualität.

Mit dem Ensemble begann die Sanierung und Konversion der gesamten Speicherstadt, wobei die HHLA auf Anregung der Architekten eine Art Gestaltungssatzung erarbeiten ließ, die als Richtschnur für das weitere Vorgehen in der Speicherstadt genommen wurde und die aus Sicht der Denkmalschützer nichts zu wünschen übrig lässt. So wurde Bei St. Annen 1 zur Initialzündung für die Neubelebung des Quartiers, bei der Standortvorteil und Denkmalwert, gestalterische Attraktivität der Altbauten und historisches Hafenfluidum zum Nutzen der Allgemeinheit und natürlich auch als Mehrwertfaktor für die Investitionen beispielhaft aktiviert werden.

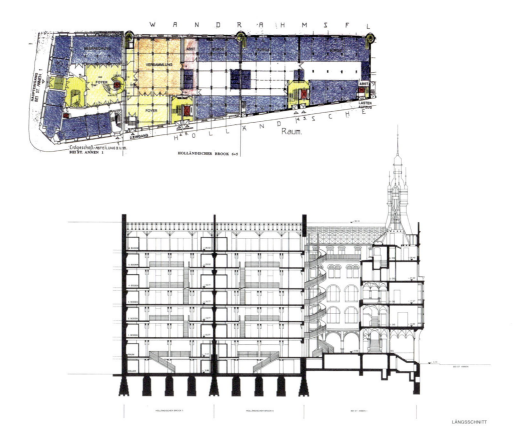

Glühende Landmarke

Der Wiederaufbau des Katharinenhofs am Zippelhaus

Katharinenkirche und Katharinenhof // Rechts: Südfassade mit Alt- und Neubauteilen

[GÖSSLER KREIENBAUM ARCHITEKTEN BDA]

Wie viele kriegsversehrte Häuser in Hamburg war der Katharinenhof teilzerstört, in seinen oberen Partien abgängig und nur notdürftig gedeckt worden. Nur noch das halbe Gebäude war benutzbar. Bei der Rekonstruktion bestand nicht die Absicht, das historische Erscheinungsbild original zurückzugewinnen und so die Kriegszerstörungen ungeschehen zu machen, zumal das ruppige Design von 1891 nicht zu den besten Leistungen jener Zeit gehörte. Vielmehr sollten die Ergänzungen in neuer Formensprache vorgenommen werden. Es galt, den Rhythmus des Gebäudes wieder aufzunehmen, Alt und Neu zu verflechten. So wird an den ursprünglichen Turmhelm und den Giebelaufsatz durch farbig beleuchtete Drahtplastiken erinnert. Zusätzliche Leuchtschienen am Erkerturm bringen das an prominenter Ecke gelegene Haus des nachts als Landmarke zum Glühen.

Während das Vestibül und das Treppenhaus weitgehend rekonstruiert werden konnten, wurde das Treppenhaus im Obergeschoss in moderner Form und mit einer schlichten Stahltreppe ins Dachgeschoss verlängert. Die im Dachkörper eingebaute großzügige Wohnung zeichnet sich durch räumliche Komplexität aus, die sie zum Architekturerlebnis werden lässt.

Links: Treppenhaus mit Verlängerung in die Dachgeschosse //
Rechts: Erkerturm mit Effektbeleuchtung

Fregatte auf dem Dach

Die Konversion der Elbschloss-Mälzerei zur Reedereihauptverwaltung

Links: Elbschloss-Brauereigelände mit Büroetagen unter dem Gartenparterre, Mälzerei rechts und der klassizistischen Hansen-Villa der Reemtsma-Stiftung dahinter // Oben: Ehemalige Mälzerei mit Dachaufbau

[BRT BOTHE RICHTER TEHERANI]

Ein Alptraum und ein Zuckerstück zugleich – das Mälzereigebäude der ehemaligen Brauerei Elbschloss an der Elbchaussee in Nienstedten ließ dem Denkmalpfleger die Haare zu Berge stehen und den Architekten frohlocken. Sein Erhaltungszustand war problematisch und stellte sich im Lauf der Arbeiten als immer prekärer heraus, sodass die Überzeugung wuchs, dass der Bau eigentlich nicht mehr zu retten sei. Der Architekt wiederum erkannte das Potenzial und sah jede Menge interessante Ansatzpunkte für kreatives Entwerfen. Die Erhaltung war jedenfalls geboten, handelte es sich doch neben dem benachbarten Restaurant um das letzte Überbleibsel der prächtigen Industrieanlage, die mit ihrem eindrucksvollen Prospekt einst dreier solcher Giebel und mächtig rauchender Schornsteine auf dem Hochufer der Elbe die einfahrenden Schiffe begrüßte und bei den Seeleuten Vorfreude auf golden perlende Genüsse aufkommen ließ.

Grundvoraussetzung für den letztendlichen Erfolg des denkmalpflegerischen Unternehmens war ein engagierter und risikobereiter Bauherr, dem auch nicht so rasch die Luft auszugehen drohte. Denn mit dem Startschuss auf der Baustelle begann auch eine Kette von Hiobsbotschaften, die so manchen Bauherrn in die Knie gezwungen hätte. Die Bauuntersuchung förderte, wie so oft, ständig neue Bauschäden zu Tage. Kriegsschäden waren mit Kalksandstein statt mit Stahlträgern geflickt worden, was zu verheerenden statischen Schäden führte. Ziegelwände und Balken waren zerfressen. Das Ende vom Lied: Die Südfassade und die Westfassade mussten aufgegeben und neu errichtet werden. Das Maschinenhaus, ein jüngerer und wenig qualitätvoller Anbau am Nordgiebel, verschwand ersatzlos (wodurch sich ein respektvoller Abstand zur benachbarten klassizistischen Hansen-Villa

Westfassade der ehemaligen Mälzerei

ergab). Auch die hölzerne Dachkonstruktion war nicht mehr zu halten, da sie sich als völlig vergiftet erwies.

Anfängliche Überlegungen wechselnder Eigentümer, das Gebäude mit Wohnungen zu füllen, wurden wegen der Struktur und der Bautiefe des Gebäudes aufgegeben. Dann kam die Reederei Peter Döhle und beschloss, das Gebäude zum Bürohaus zu machen und in die neue Firmenzentrale zu integrieren.

Da die notwendige erhebliche Baumasse westlich des Altbaus in den Hang eingebettet wurde, sollte das mit dem Neubau korrespondierende Kellerniveau des Altbaus zur Erdgeschossebene umfunktioniert werden. Die hinter abgegrabenen Böschungen nun freiliegende einstige Kellerwand wurde mit rohen Stahlplatten verkleidet, um die Veränderung sichtbar werden zu lassen. Das an der Ostseite angefügte Casino schmiegt sich in die Kontur der früheren Böschung und öffnet sich mit seinen Fensternischen zum Park hin.

Hinreichend Diskussionsbedarf warf die Frage auf, wie mit den zu kleinen Fensterflächen des historischen Zustands umzugehen sei. Die Flächen zwischen den Wandpfeilern an der West- und Nordseite großflächig zu öffnen, war denn auch ein großes Zugeständnis der Denkmalpflege. Nur der rekonstruierte Südgiebel und die reparierte Ostfassade zeigen heute das historische Befensterungsmuster, das auf die Funktion als Lagerhaus für Gerste hinweist. Leider ist auf die Rekonstruktion der Giebelaufbauten verzichtet worden, die freilich schon vor Beginn der Sanierung abgängig gewesen waren.

Den spektakulärsten und nicht unumstrittenen Akt kreativer Denkmalpflege vollführten die Architekten bei der Neugestaltung des Daches. Eine atemberaubende Konstruktion besetzt das Dach des Hauses, nur mühsam sich in die historische Kontur fügend, eine Kreuzung aus Ufo und gläserner Barke, die aus dem Haus eine hybride Erscheinung macht. Statt eines geneigten Ziegeldaches, das der attraktiven Fassade einen oberen Abschluss gäbe, erhebt sich über der Traufe eine zweite Attraktion, im Kontrast zum roten Ziegel silbern schimmernd, des nachts hell strahlend.

Als repräsentativer Haupteingang an der Stahlwand der Südseite öffnet sich ein originales barockes Portal, das der Bauherr hierher versetzen ließ. Im Eingangsbereich wird man nicht wie vermutet von freundlichen Damen am Empfangstresen erwartet, sondern zunächst durch Bibliotheksregale mit wunderbaren historischen Bänden auf die Atmosphäre einer alteingesessenen, traditionsreichen Reederei eingestimmt. Dann öffnet sich der überraschende Blick nach oben, denn die mittlere Reihe der effektvoll in Szene gesetzten gusseisernen Säulen ist herausgenommen worden, sodass eine Halle mit seitlichen Galeriegeschossen entstanden ist, die bis zur Untersicht des Dachaufbaus reicht. Die Trennwände zu den Büros und selbst die Brücken quer durch die Halle sind aus Glas, um die Wirkung des Innenraums im Ganzen nicht zu stören. Vier stabilisierende Betonkerne mit Treppenhäusern und Toiletten sind eingestellt und von den Außenwänden optisch durch einen transparenten Schlitz getrennt.

Bei der Fahrt im gläsernen Aufzug lässt sich der kathedralhafte Raum am besten erleben – bis man in die Dachgeschosse mit einem ganz anderen, futuristischen Ambiente stößt, das unschwer als BRT-Handschrift zu erkennen ist. Dann nochmals eine Überraschung: Im „Heck" hat Bauherr Joachim Döhle die Barkenform zum Anlass genommen, sein Büro mit einem maritimen Interieur einzubauen. Die Kapitänskajüte auf der Bounty stellt man sich so vor, mit der typischen geneigten Heckwand einer Fregatte des 18. Jahrhunderts.

Oben auf der „Brücke" finden sich Besprechungs- und Gesellschaftsräume und ein vorgelagertes Aussichtsdeck, von dem aus der Blick weit über die Elbe und hinüber zum Airbus-Werk auf dem Finkenwerder streift.

Nordseite mit neuem Giebel

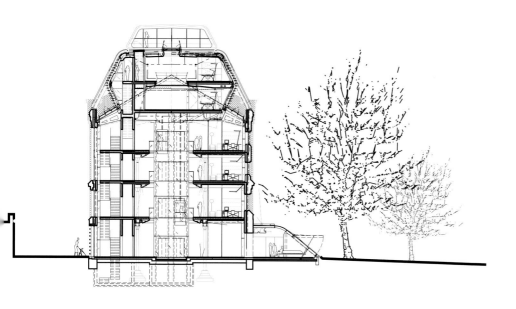
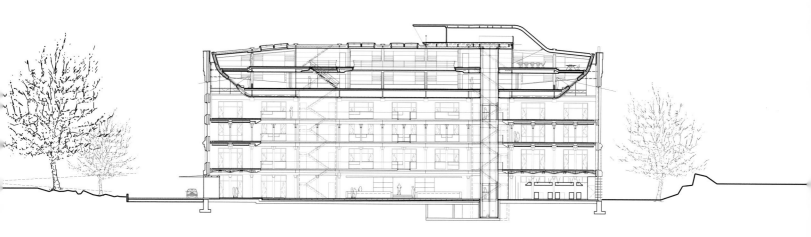

Galeriehalle // Nächste Doppelseite: Bürowelten, abgesenkter Neubau und Mälzerei

Bleibende Erinnerung

Kontorhof Lackfabrik Maleco in Ottensen

Ehemalige Lackfabrik Maleco, Nordseite //
Rechts: Ehemalige Lackfabrik, Fassaden-
detail

[HS-ARCHITEKTEN HOLGER SCHMIDT, ROBIN LIMMROTH]

„Hier würde ich sofort einziehen", dieser Ausspruch kommt spontan auf dem Dach mit dem prächtigen Rundblick, doch leider wird das schöne Penthouse nicht als Wohnraum genutzt, sondern von der prosperierenden Agentur im Haus mit Beschlag belegt.

An der Fischerallee/Ecke Holstentwiete in Ottensen ging es um die Konversion der Immobilie eines Gewerbebetriebs, der Jahrzehntelang die Nachbarschaft mit seinen chemischen Düften malträtierte. Heute präsentiert sich das 1907 errichtete, mit gotisierender Attikazone bekrönte backsteinerne Fabrikgebäude an der Holstentwiete wie in besten Zeiten, mit reparierter und frisch gereinigter Fassade. Sogar die Giebelaufschrift in hübscher Fraktur „Farben- Lack & Kittfabrik Max Leonhart & Co." ist wieder aufgemalt worden. Die eisernen Fabrikfenster scheinen bestens erhalten, nur am Seitengiebel ist eine Veränderung zu entdecken, denn die Ladeluken unterhalb des Kranbalkens sind durch neue, verglaste Metallfenster ersetzt. Und oben auf dem Dach lugt, nur aus einiger Entfernung zu sehen, ein gläsernes Staffelgeschoss hervor.

Im Inneren ist der rustikale Charme des Fabrikambientes erhalten, die eisenbeschlagenen Betontreppen, das geschmiedete, schmucklose Geländer, das grobe Mauerwerk, weiß getüncht. Schlichte runde Leuchtscheiben schweben vor der Wand und sind mit Panzerrohrleitungen angeschlossen. Im Treppenhaus kann man auch die Fenster genauer mustern, ihre so simplen wie funktionalen Verschlüsse in Vorreibertechnik und wie sie mit Isolierglasscheiben, aus optischen Gründen in etwas geringerer Stärke, ausgerüstet sind. Aus denkmalpflegerischen Erwägungen wurde auf einen Ersatz der schlanken Profile durch zeitgemäße mit thermischer Trennung ebenso verzichtet wie auf ein zweite Fensterebene.

Die Büros der Werbeagentur stattete das Hamburger Büro für Gestaltungsfragen BFGF in durchaus freier Weise mit schwingenden Trockenbauwänden und beherzter Farbgebung aus. Das gut gelaunte Design zieht sich bis hinauf ins Penthouse, das dem Altbau zurückgestaffelt aufgesetzt wurde. Die privilegierte Wohnung mit Umgang hinter der historischen Attika und einer Terrasse mit bester Rundsicht über Ottensen auf dem oberen Deck ist jedoch als Büro eingerichtet.

Von dort aus fällt der Blick auch in den ersten Hof der Anlage, einen Gewerbehof zur Erschließung der Gebäuderiegel im Blockinneren. Die nachrangigen Baulichkeiten der Lackfabrik sind durch komplette Neubauten ersetzt worden. Entlang der Fischerallee entstand ein Wohn- und Geschäftshaus. Ein Quergebäude mit Büros und einer Wohnung teilt die Hoffläche in den gepflasterten Gewerbehof und einen begrünten Wohnhof. An der Brandwand des nördlichen Nachbargrundstücks entstand ein Hinterhaus mit zwei voll verglasten Bürogeschossen, dem drei Maisonettewohnungen aufgesetzt sind.

Insgesamt zwanzig Wohnungen unterschiedlichsten Zuschnitts und hoher Wohnqualität ergänzen das Gewerbeangebot und sorgen für eine urbane, dichte Nutzungsmischung, wie sie für die Innenstadt gewünscht wird. Das Konversionsprojekt mit einem Wohnungsanteil von immerhin 75 Prozent ist ein Musterbeispiel für die zukunftsfähige Fortentwicklung bei gleichzeitiger Bewahrung des bauhistorischen Erbes und damit verbundener bleibender Erinnerung an die Geschichte des Ortes.

Links: Westseite und Penthouse // Oben: Ehemalige Lackfabrik, Normalgeschoss // Darunter: Treppenhaus mit aufgearbeiteten Stahlsprossenfenstern

Idealfall der Denkmalpflege
Die Sanierung des Hauptgebäudes der Universität

Links: Vorhalle des großen Hörsaals B //
Oben: Rekonstruiertes Treppenhaus mit modernen Sitzbänken

[DINSEFEESTZURL ARCHITEKTEN]

Manchmal kann man es gar nicht fassen, wie es zur Verwahrlosung einstmals respektabler und qualitätsvoller Bauten kommen konnte, insbesondere dann nicht, wenn sie nach einer Renovierung unversehens wieder in altem Glanz erstrahlen. Das Hauptgebäude der Universität ist ein solcher Fall. Die Kriegsschäden 1949 so gut es ging behoben, gedankenlose Um- und Einbauten, pragmatische aber entstellende Behebung von Bauschäden, Anstriche nach Hausmeisterart, so war es zur Schande für die Hochschule verkommen. Die Nutzer mit ihren Stelltafeln, Plakatwänden und ihrer Pinnwand-„Kultur", die längst sämtliche senkrechten Flächen als Kommunikationsflächen missbrauchten, taten ein Übriges.

Ikonologisch irgendwo zwischen Staatstheater und Kurhaus, Barockschloss und Hagia Sophia angesiedelt und mit einem Grundriss von Durand'scher Archetypik war das Gebäude dennoch von einer derartigen funktionalen Modernität und Logik, dass man sich heute nach dem Rückbau fragt, weshalb es überhaupt zu den Veränderungen gekommen ist.

Der Eindruck hat etwas mit dem Respekt zu tun, den die Architekten der Renovierungskampagne dem Bau zollten, indem sie versuchten, den Vorstellungen ihrer Vorgänger Hermann Distel und August Grubitz von 1908-11 wieder Geltung zu verschaffen. Wände wurden freigelegt, Natursteinpartien restauriert, Farbschichten abgeschält und verbretterte Dachfenster wieder geöffnet. Von allen Störungen befreit, die Böden mit nobel wirkendem schwarzem Linoleum belegt, die Gewölbe mit hellen Farben gestrichen, entfaltet das Foyer wieder das Fluidum einer frühklassizistischen Wandelhalle, wirken die Gänge wie barocke Abteiflure. Das obere Foyer vor dem großen Saal erhellen wieder die zuvor

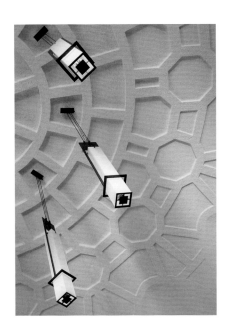

Neu entwickelte Saalleuchten // Rechts: Hörsaal B

verbarrikadierten Ochsenaugen im altgolden lasierten, sanft schimmernden Gewölbe.

Dem dunklen Farbkanon des Natursteins und der Holzeinbauten gemäß sind auch die neuen Zutaten in dunklen Tönen oder gar schwarz gehalten. Bänke aus Beton überraschen und passen sich doch vollkommen ein. Geräte und Automaten sind in Möbel eingehaust. Vor dem halbrunden Tresen der modernschlichte Garderobe steht eine Informationstheke aus Beton, die verblüffenderweise auf einer Schiene steht und zur Seite geschoben werden kann. Sie gehorcht dem Prinzip der gestaffelten Wandscheiben, das die Architekten häufig einsetzen und das auch an der hinterleuchteten Vorsatzwand des Hörsaals zu sehen ist.

Die Säle, vor allem aber der zentrale Hörsaal B profitieren von der Reduktionsästhetik der neuen Einbauten. Das Gestühl wurde repariert und schwarz gestrichen. Viel Audio-, Video- und Saaltechnik sowie eine verfahrbare, 26 Quadratmeter große Leinwand waren einzubringen und konnten größtenteils verhehlt werden. Und natürlich lässt sich das Rednerpult auf Schienen wieder zur Seite schieben. Was nicht verschwinden sollte, waren die acht Hängeleuchten im Zentrum der Kassettenkuppel. Sie wurden nach einem Entwurf der Architekten gebaut und sind, wie alle neuen Elemente, sichtlich aus heutiger Zeit.

Keine historischen Gestaltungselemente, aber angemessene Eleganz zeigt der neue Sitzungssaal des Senats, der in hellem Rüsterholz ausgestattet wurde.

Die langwierige, weil abschnittweise Sanierung des Hauptgebäudes zeigt, dass Kreativität in der Denkmalpflege durchaus mit einer sensiblen restaurativen Grundhaltung einer gehen kann und zu bemerkenswerten Lösungen führen kann, die man fast nicht bemerkt – ein Idealfall in der Denkmalpflege.

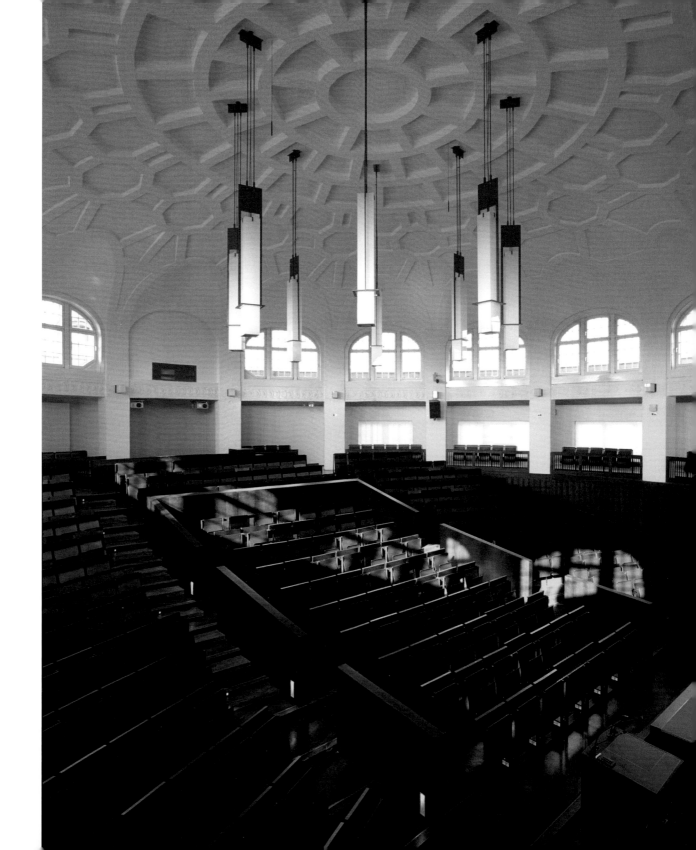

Lichtgraben im Nordtreppenhaus // Rechts: Flurzone in der Verwaltung, 2. Obergeschoss

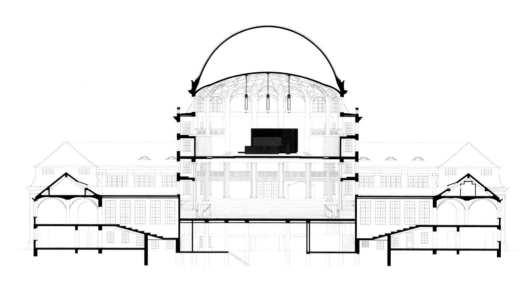

Links: Verbindung akademischer Senat zum Hörsaal // Rechts: Hörsaal 1. Obergeschoss

Himmelwärts dem göttlichen Auge zu

Die Sanierung des Meßberghofs im Kontorviertel

Skulpturen aus dem Zyklus „Enigma" von Lothar Fischer // Rechts: Meßberghof im Kontorviertel, Westfassade

[ASP SCHWEGER ASSOZIIERTE]

Er ist vielleicht nicht der spektakulärste Bau im berühmten Hamburger Kontorhausviertel, der Kopfbau, den die Gebrüder Gerson 1923/24 als Ballin-Haus errichtet haben, doch architektonisch interessant ist er von hohen Graden. Mit seiner städtebaulich markanten Ostfassade, mit seinem expressionistischen Skulpturenprogramm und dem inszenatorischen Aufwand im Inneren hat er Qualitäten, die es im Zuge der Renovierung ab 1996 wiederzuerwecken galt.

Zunächst nahmen sich die Architekten die Behebung der Kriegsschäden vor, die in den fünfziger Jahren nur provisorisch repariert worden waren. Die beiden obersten Geschosse an der Pumpenstraße waren ebenso wenig wieder aufgebaut worden wie das ursprüngliche Walmdach. Die fehlenden Staffelgeschosse wurden unter Verwendung angeglichener Klinker ergänzt. Im neuen, mit Zinkblech gedeckten Walmdachkörper entstanden reizvolle zweigeschossige Büroflächen mit bester Aussicht über Stadt und Hafen. Zusätzliche Nutzfläche im Erdgeschoss ergab die Überbauung des Innenhofes rings um ein verglastes Atrium.

Die Büroräume erhielten eine zeitgemäße Ausstattung mit Haus- und Kommunikationstechnik. Mit drei neuen, zusätzlichen Treppenhäusern wird den Sicherheitsanforderungen Rechnung getragen. Ansonsten ging es um die Rekonstruktion der historischen Baugestalt, etwa bei den Fenstern und den Schaufensteranlagen und bei der Sanierung der Fassaden, wobei nicht jede Verletzung retuschiert wurde.

Nachdem deutlich geworden war, dass die acht Sandsteinskulpturen von Ludwig Kunstmann, mit denen die Strebepfeiler in Höhe des ersten Obergeschosses geschmückt waren, aufgrund ihres Erhaltungszustandes nicht wieder aufgestellt werden konnten (sie sind nun im Untergeschoss des Treppenhauses aus-

gestellt), drängte Architekt Peter Schweger, der häufig mit zeitgenössischen Künstlern zusammenarbeitet, auf einen Künstlerwettbewerb für eine neue Skulpturengruppe gleicher Dimension und ähnlicher Erscheinung wie die expressionistischen Vorgänger. Diesen Wettbewerb gewann der Münchner Bildhauer Lothar Fischer mit seiner Gruppe „Enigma-Variationen", mit schemenhaften, kubistischen Bronzefiguren, deren Identität rätselhaft und inhaltlich unentschlüsselbar bleiben sollte.

Die originalen Schwellenheiligen, Chimären und Fischkopf-Figuren am Haupteingang konnten erhalten werden und begleiten als Hausgeister den Besucher beim Eintritt in das Haus, der regelrecht inszeniert erscheint. Nach Durchschreiten des engen, dunklen Schlunds öffnet sich die Treppenhalle wie eine strahlende Offenbarung. Der Blick geht nach oben, in die ovale Treppenhalle mit ihren expressiven Geländern bis zum Oberlicht, dem taghellen Strahlenmosaik. Wandfliesen, Geländer und Türen wurden mit schimmerndem Blattgold überzogen. In jedem Geschoss hockt eine stilisierte Echse auf dem Geländerpfeiler. Alles strebt himmelwärts zum Licht hin, dem Gottesauge zu – eine fast religiöse Anmutung. Die räumlich-künstlerische kathedralhafte Inszenierung wurde durch die Restaurierung neu aufgeführt und wieder erlebbar gemacht. Diesem Ziel ordnen sich die neu gestalteten Elemente wie der den Paternoster ersetzende Aufzug unter.

Südfassade gegen den Zollkanal // Nächste Doppelseite links: zentrales Treppenhaus // Nächste Doppelseite rechts: Eingang mit Schwellenheiligen und Chimären

Fabrik im Adelsstand

Der Umbau einer Automobilfabrik in Rothenbaum

Links: Umbau der Garage zum Architekturbüro // Oben: Ehemalige Autofabrikation Grindel

[CARSTEN ROTH ARCHITEKT]

Man wird ordentlich zu suchen haben, will man einen älteren Stahlbetonskelettbau in Hamburg finden. Und dann die Formensprache: Neue Sachlichkeit aus der Zeit von 1911 bis 1913! Die muss man wohl Funktionalismus nennen, denn über eine besondere Gestaltung, wie damals üblich, hat sich der planende Architekt (oder war es „nur" ein Ingenieur?) keinerlei Gedanken gemacht, und das sicherlich deshalb, weil es dort im Hinterhof am Grindel kein Publikum gab, dem zu imponieren gewesen wäre. Eine veritable „Autofabrication" fand in dem fünfgeschossigen Fabrikbau vor dem Ersten Weltkrieg Platz. Herzstück war ein Industrieaufzug am Kopf des Gebäudes, mit dem die Karossen in die Geschosse gehievt werden konnten.

Als Carsten Roth sich des Gebäudes annahm, fand er ein in jeder Hinsicht abgewirtschaftetes Haus mit bewegter Vergangenheit vor, das die Zeitläufe nur aufgrund seiner soliden Grundsubstanz überdauert hatte und dessen architektonische und funktionale Ursprünge ihn interessierten. Der Lift zum Beispiel, schon seit siebzig Jahren außer Funktion, reizte ihn so sehr, dass er die behördliche Ochsentour nicht scheute, ihn wieder in Betrieb zu nehmen. Die Fenster des Liftschachts ließ er wieder öffnen, um den Preis, die Öffnungen mit einem Prallschutz versehen zu müssen. Zwei horizontale Stahlprofile pro Fenster übernehmen diese Aufgabe. Um die mit Edelstahl verkleidete Gebäudeecke gezogen, adeln sie den Aufzugsturm mit einem Formelement der zwanziger Jahre, als wär's ein Stück von Mendelsohn.

Die Profile geben das Teilungsmaß für die neuen Stahlsprossenfenster des gesamten Baus und somit die Rasterordnung der Fassade, die nun mit beeindruckender Ordnung und Stringenz aufwartet. Vielleicht war diese Idealisierung zuviel des Guten, denn nie zuvor war der schlichte, unambitionierte Werkstattbau von dieser Präzision und Ausdruckskraft gewesen. Das kreative Moment in der Arbeit des Architekten rekurriert hier auf ein fiktives, retrospektives Idealbild.

Im Inneren treibt der Architekt das Spiel der Veredelung weiter, arbeitet mit blutroten Farbpaneelen im Treppenhaus, mit von der weiß getünchten Mauerwerkswand abgesetzten Betontreppenläufen, mit Edelstahlnoppenblech und fein gearbeiteten Stahlgeländern.

Die Bürogeschosse sind auf die Grundstruktur der Betonskelettkonstruktion zurückgeführt. Raumtrenner und Regalwände mit Teilung in liegenden Formaten aus warmrotem Oregonpine-Holz und die Nasszellen sind mit Distanz zur Altbausubstanz eingestellt und führen ein Eigenleben mit hoher Designqualität. Leitungen und Medien sind auf Kabeltrassen offen an Decken und Wänden geführt. Nur durch die Art der Behandlung, der ungewohnten Verwendung und der Kombination entwickeln die einfachsten Bauelemente – Schaltafeln als Nasszellenwände, offen geführte Kupferrohre, Industriewasserventile, Drahtglas als Spritzschutz – eine edle Wirkung, die das Büroambiente stark aufwertet und aufgrund der einfachen Materialien trotzdem mit dem hundert Jahre alten Beton und Mauerwerk harmoniert.

Architekturbüro

Nach ähnlichen Prinzipien, aber weitaus rigoroser ist der Architekt beim zweigeschossigen Garagenanbau vorgegangen, den er zu seinem Architekturbüro umgebaut hat. Eine üppig berankte Freitreppe führt hinauf zum Neubauteil, der sich mit seiner Glasfront vor den Altbauteil schiebt. Im gestrengen, minimiert detaillierten Büroraum mit Betonwänden und -decke und Zenitlicht in der Art Tadao Andos steht die Nasszelle, ihrerseits lustvoll in Edelstahl und Wellblech konstruiert wie aus einem Metallbaukasten. Unverkleidete Wasserleitungen sind zelebriert, als seien sie vergoldete Lisenen. Heizkörper sind demonstrativ verkehrt herum montiert und zeigen Rippen statt Frontfläche. Ein Hauch von High-Tech-Manier der ersten Stunde durchweht die Räume und flüstert humorige Geschichten dem, der sie wahrzunehmen weiß. Doch vielleicht sind die delikaten Schmankerl nur Anschauungsobjekte für Besucher und Mitarbeiter, die vor

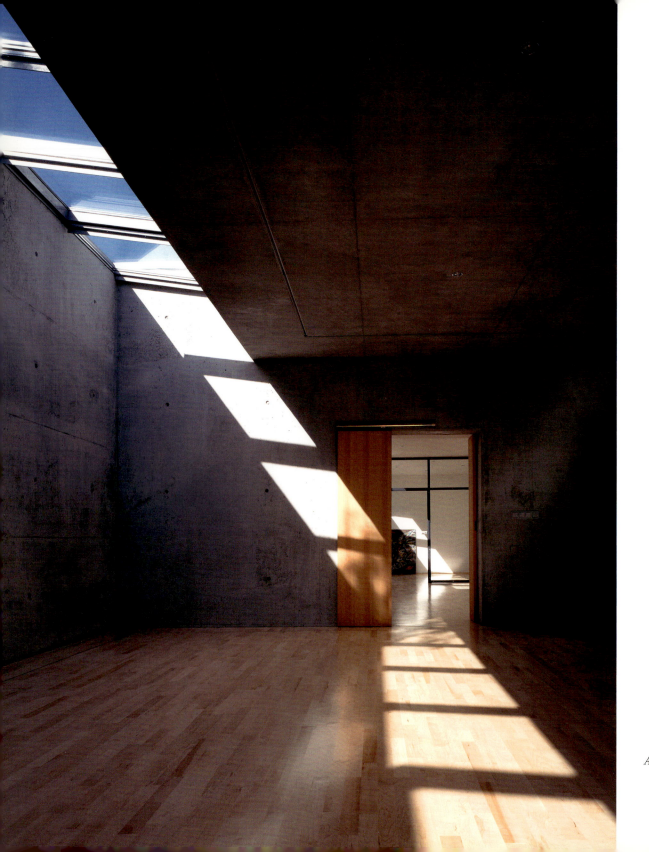

Architekturbüro

allem eines demonstrieren sollen: die architektonische Haltung des Architekten. Und die ist bei modernstem Raum- und Materialverständnis altväterlich-handwerklich geprägt – und eine Freude für den Denkmalpfleger.

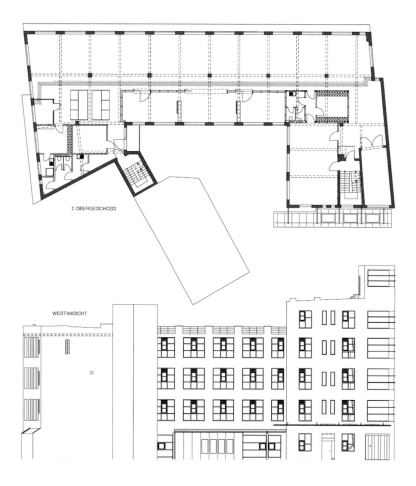

 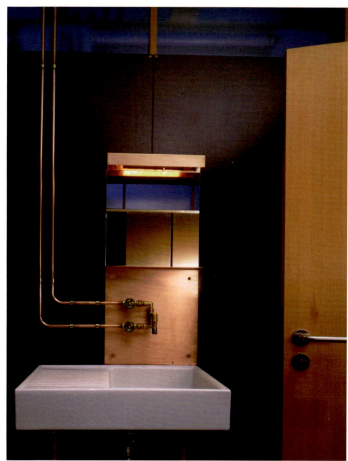

Links: *Autoaufzugturm* // Oben links: *Treppenhaus* // Oben rechts: *Handwaschbecken*

Licht und Raum, der wahre Luxus

Architekturbüro und Penthouse-Wohnung in Altona

*Terrasse des Dachgeschossappartements //
Rechts: Renovierte klassizistische Nordfassade*

[DINSEFEESTZURL ARCHITEKTEN]

Es ist der letzte Ausläufer der kompakten Stadt, die Bebauung der Klopstockstraße in Altona, Straßenrandbebauung des neunzehnten Jahrhunderts, hier und da jüngere Wohnblocks, bis sich dann westlich die Elbchaussee mit ihren Parks und Villen anschließt. Das Zentrum Altonas gilt nicht als Wohnadresse ersten Rangs, auch nicht jene Gegend zum Elbberg hinunter, obgleich in Südlage und mit grandioser Sicht über den Hafen ausgestattet. Immerhin, die Klopstockstraße ist, vom Zentrum Altonas und von St. Pauli her kommend, der Prolog zur Elbchaussee und besitzt so gesehen ein gewisses Lagepotenzial. So fällt das Augenmerk auf diese Gegend, wenn es gilt, neuen Wohnraum des gehobenen Segments zu schaffen. Denn die Ansprüche steigen und Grund und Boden sind nicht vermehrbar.

Den Architekten Peter Dinse, Isabell Feest und Johann Zurl bot sich die Gelegenheit, ein spätklassizistisches Doppelhaus aus dem Jahr 1855 in der Südzeile der Klopstockstraße zu sanieren und in einer Hälfte ihren Bürostandort zu etablieren. Im Dachgeschoss jedoch, wo sie niemand sonst vermuten würde, sahen sie die Möglichkeit, eine Wohnung mit besonderen Qualitäten und gehobenem Standard einzubauen.

Natürlich lag dem Denkmalschützer das äußere Erscheinungsbild der klassizistischen Fassaden am Herzen und er registrierte dankbar, dass der Investor es möglich machte, relativ neue, aber unpassende Fenster durch neue angepasste ersetzen zu lassen. Nachsichtig zeigte er sich bei der inneren Struktur und vor allem bei den rückwärtigen Fassaden; hier entwickelten die Architekten sehr weitgehende Vorstellungen, die seine Kompromissbereitschaft auf die Probe stellten. Was das Amt nicht mitmachte, war ein Überstand des neuen Dachaufbaus an der Giebelseite.

Schon im Erdgeschoss des Hauses Nr. 23, dem Entrée des Architekturbüros, wird die neue Architektursprache deutlich. Dinse Feest Zurl haben sich mit Sanierungs- und Umnutzungsprojekten des Öfteren hervorgetan, doch sie stehen nicht im Ruf, im Umgang mit historischer Architektur traditionalistischen Mummenschanz zu betreiben. Sie erhalten historische Details um der Form, manchmal der handwerklichen Qualität Willen, doch Neues sieht immer neu aus, ja sie vermeiden geradezu die Verwendung von Materialien und Formen, die als historisch „missverstanden" werden könnten.

Hinzu kommt die Bereitschaft, über Vorgegebenes weit hinaus zu denken, etwa bei der Organisation der Innenräume. Und so treiben sie ihr suprematistisches Spiel mit Wänden und Decken, mit Verschiebungen und Öffnungen, Durchbrüchen und Durchblicken. Der Raum erfährt eine Erweiterung ins Untergeschoss, dort entwickelt er sich weiter in einen unterirdischen Anbau, der von einem Tiefhof aus belichtet wird. Decke und Böden wechseln das Niveau, die Flächen greifen, durch den gläsernen Raumabschluss kaum unterbrochen, nach draußen aus, spielen sich überlappend weiter bis in das Gartenparterre. Im Tiefhof spiegelt das Wasserbecken Zenitlicht in die Räume, rostrote Stahlwände kontrastieren mit grünen Rasenflächen. Bis zum Gartenzaun setzt sich die bei De Stijl gelernte, spannungsreiche Komposition aus schwebenden, schiebenden Tafeln und Ebenen fort.

Und sie erklettert die rückwärtige Fassade. Erker und Brüstungen legen sich als zweite Raumschicht vor die Wand. Im vierten Obergeschoss ist es ein fünf Achsen breiter Rahmen, der den Raum definiert. Nur der linke Bauteil (Haus Nr. 25) verrät durch seine Fensterteilung, die Geländer und den hölzernen Wintergarten seine Ursprungszeit, am rechten lässt nur noch der Rhythmus der scharf eingeschnittenen Fensteröffnungen den Altbau erahnen. Im ersten und zweiten Obergeschoss wurden die getrennten Wohnungen im Haus Nr. 25 beibehalten, doch in Nr. 23 endet das Treppenhaus im zweiten Obergeschoss des Architekturbüros. Das dritte und das Dachgeschoss sind hausübergreifend zu einer Mai-

Südseite mit Architekturbüro in den unteren Geschossen

Links: Architekturbüro innen // Oben: Auge der historischen Treppe im Haus 23 // Rechts: Bürotreppe ins Untergeschoss

sonettewohnung zusammengefasst, erschlossen durch Treppe und Lift in Haus Nr. 25.

Zur Straße hin versteckt sich die Wohnung hinter dem Hauptgesims und wahrt das historische Bild. Gegen die Elbe öffnen sich große Fensterflächen – für seinen Geschmack zu große, wie der Denkmalpfleger einräumt, doch entscheidend sei für ihn die Qualität, die mit dem historischen Bestand mithalten können muss.

Dem Besucher präsentiert sich nach Eintritt eine erstaunliche Wohnwelt, weiträumig, hell und voller überraschender Eindrücke und Details, doch von überzeugender gestalterischer Stringenz. Weiße Wände und dunkle Holzböden bestimmen das Bild. Ein L-förmiger Großraum empfängt im unteren Geschoss. Schlupftüren führen in den Schlafbereich. Eine fast körperlose Holztreppe ohne Wangen und Geländer steigt hinauf in den Wohnbereich mit allseitigen Ausblicken. Ein Ausschnitt im Terrassendach liefert ein Bild des Himmels; auch der gerahmte Ausblick über den Hafen ist als Bild inszeniert.

Filigrane Fensterprofile, Lichtpunkte statt opulente Leuchten, diskrete Schiebewände statt aufwändiger Möbel beruhigen das Bild, kein Detail drängt sich in den Vordergrund. Sorgsam entwickeltes und handwerklich perfekt hergestelltes Reduktionsdesign sorgt dafür, dass nur das Licht und der Raum zur Wirkung kommen; ein größerer Luxus ist kaum denkbar. „Upgrading" könnte man nennen, was die Architekten hier geschaffen haben: eine Aufwertung des noblen, doch unspektakulären Hauses, das wohl in die Nachbarschaft ausstrahlen wird.

Erdgeschoss Südseite

Historische Treppe im Haus 25 // Rechts: Dachgeschossappartement

Historische Pixel

Die Fassadensanierung der Häuser Dragonerstall 9 –13

Links: Fassade Häuserecke // Oben: Originaler Eingang Dragonerstall 13

[GRUNDMANN + HEIN ARCHITEKTEN]

Gebäude aus der Zeit vor dem Stadtbrand 1842, und seien sie noch so unscheinbar, werden natürlich in der Hansestadt wie Preziosen gehegt. Die fünf Häuser am Dragonerstall in der Neustadt sind solche Raritäten, Bürgerhäuser aus dem 18. Jahrhundert mit stark gefährdeter Bausubstanz. Die klassizistischen Fassaden täuschen, denn es handelt sich um Fachwerkhäuser mit einer vorgemauerten Wand aus schmalen Ziegeln. So wurden aus fünf schmächtigen Fachwerkhäusern optisch zwei repräsentative Stadthäuser mit Ziegelfassaden. Doch das Vormauern, eine Bauweise, die man gemeinhin dem zwanzigsten Jahrhundert zuschreibt, ist bauphysikalisch nicht unproblematisch und wurde von den Bauleuten im 18. Jahrhundert noch nicht perfekt beherrscht. Bei der Untersuchung der Bausubstanz wurde festgestellt, dass das Fachwerk hinter der Vormauerung zu großen Teilen verfault war. Die Feuchtigkeit aus den Wohnungen konnte durch die nicht hinterlüftete Vormauerung nicht ausreichend abgeführt werden und tat in den Balken ihr zerstörerisches Werk.

Eine Sanierung der Wände mit Austausch der maroden Balken ließ sich nur durch Demontage der Vormauerung durchführen. Alle Formteile der Fassade wurden gesichert und restauriert. Die abgebrochenen Ziegel wurden geborgen, waren aber nur zum Teil wiederverwendbar. Nach Reparatur der Wände sollte die Vormauerung wieder aufgebaut werden, doch guter Rat war teuer angesichts der fehlenden Ziegel. Architekt und Denkmalpfleger einigten sich darauf, die historischen Ziegel mit Sonderformat möglichst originalgetreu nachbrennen zu lassen. Durch Mischen von alten und neuen Ziegeln entstand eine Wand, die in ihrer Erscheinung dem historischen Vorzustand sehr nahe kommt. Die Oberfläche ist gewissermaßen von historischen Pixeln durchsetzt, die noch so lange bei genauerem Mustern

einzeln erkennbar bleiben, bis auch die neuen Ziegel genügend Patina angesetzt haben werden.

Mit den wieder montierten originalen Fenstern, sandsteinernen Türgewänden und Holzgesimsen ist der reinen Lehre der Denkmalpflege in hinreichendem Maß Genüge getan und der historische Zustand weitestgehend wiedergewonnen. Nur die unscheinbaren Lüftungsschlitze in den Fassaden verraten dem Fachmann, dass es sich hier um eine hinterlüftete Vormauerschale handelt – denn den bautechnischen Lapsus der Vorväter wollte man natürlich nicht wiederholen.

Oben: Zu zwei Fassaden zusammengefasste Häuser Dragonerstall 9-13 // Darunter: „Pixelmauerwerk" und repariertes Fenster // Rechts: Vortreppen Dragonerstall 9-10

Raumkontinuum mit Atmosphäre
Der Umbau des Kaispeichers B zum Internationalen Schifffahrts- und Meeresmuseum Peter Tamm

Kaispeicher B, Entwurfssimulation mit gläsernem Schaukasten als Zwischenbau // Rechts: Treppenhalle

[MARCOVIC LÜTJEN RONAI UND VOSS ARCHITEKTEN]

Neue Nutzungen für Hafenlagerhäuser zu finden, gehört angesichts der schieren Größe, der nur mäßig belichteten, tiefen Grundrisse und der brandschutztechnischen Delikatesse zu den kniffligeren Aufgaben im Umgang mit historischen Bauten. Die Verwendung des Kaispeichers B als Schifffahrtsmuseum darf man wohl als Glücksfall bezeichnen. Als ältester historischer Lagerbau des Hamburger Hafens und an Brooktorhafen und Magdeburger Hafen am Entrée zum Überseequartier gelegen, ist er für diese Aufgabe prädestiniert. Mit fast 12.000 Quadratmetern Nutzfläche bietet er auch genügend Platz für die imposante Sammlung unter anderem von 35.000 Schiffsmodellen, 30.000 Plänen, 5.000 Gemälden und 120.000 Bänden der Spezialbibliothek.

Als der mächtige Backsteinbau 1878 vom Architekten mit dem barock anmutenden Namen Bernhard Georg Jacob Hanssen und von Wilhelm Emil Meerwein für die Silospeicher Kommandit-Gesellschaft J.W. Butin errichtet wurde, war der größere, östliche Teil des Gebäudes Getreidesilos vorbehalten, während der westliche Teil in Geschosse („Böden") zur Lagerung von Stückgut unterteilt war. Eigenartigerweise hat sich die so unterschiedliche Nutzung nicht am neugotischen Äußeren abgezeichnet. Ablesbar waren jedoch an der Nordwestecke die Kraftzentrale als niedriger Pultdachanbau mit Schornstein und an der Südwestecke das Kontorhaus. Mit den hoch aufragenden Stufengiebeln, Fialen und Spitzbogenblenden, als Gesamtensemble einer Deutschordensburg nicht unähnlich, war der an hanseatischer Backsteingotik orientierte Bau formal das Vorbild für die ein Jahrzehnt später errichtete Speicherstadt. Seit 2003 ist das fast unversehrt erhaltene Gebäude nicht mehr als Lagerhaus in Gebrauch. Der Schornstein wurde bis auf Giebelhöhe abgetragen und Fialen

Ausstellungsboden

sowie schmiedeeiserner Zierrat auf den Giebeln verschwanden. Hier und da wurden Fenster zugesetzt. Das Innere war bereits 1884 umorganisiert worden. Statt der Silos waren damals zehn Böden eingebaut worden, daher die Niveausprünge in den Geschossen zwischen dem westlichen und dem östlichen Bauteil. In den fünfziger Jahren erhielt der Speicher einen Nachbarn von ähnlicher Kubatur, mit dem er heute ein Duo bildet.

Als es darum ging, den Kaispeicher B zu einem Ausstellungshaus umzubauen, schlugen die Architekten vor, zwischen den alten und den jüngeren Speicher eine fünf Geschoss hohe, weit über den Brooktorhafen auskragende gläserne Box einzuspannen, in der ein ganzes Segelschiff Platz finden sollte. Leider ist dieser Teil des Entwurfs mit der zeichenhaften „Glasvitrine", die von weitem auf das Museum hinweisen sollte, nicht realisiert worden. Immerhin, der Fußgängersteg, der eine direkte Verbindung zu St. Annen herstellt, ist gebaut und mündet nun geradewegs im Gebäude bzw. in eine Passage durch das Museum.

Sollte in das voluminöse Denkmal ein Museum einziehen, so galt es nicht nur den Bau zu bereinigen, also von qualitätsarmen Veränderungen, unsensiblen An- und Umbauten zu befreien, die historische Substanz zu ertüchtigen und auch ästhetisch zu neuem Leben zu erwecken. Irgendwie mussten die gestapelten, mit einer Geschosshöhe von 2,80 Metern nicht gerade luftigen Böden geöffnet und räumlich erschlossen werden.

Die Architekten lösten das Problem, indem sie in der Mitte des Gebäudes jeweils zwei Stützen und vier Felder der Decken herausnahmen. Sie taten das nicht durchgängig in allen Geschossen, sondern verschoben die dreigeschossigen Durchbrüche nach jeweils zwei Ebenen. Dadurch entstand eine alternierende Anordnung von „Negativräumen" mit vielfältigen Aufblicken und diagonalen Sichtverbindungen sowie wechselnden Treppenläufen, von denen aus das ganze Museum und die Sammlung erfasst und erlebt werden kann. Die Entscheidung für die Aufgabe eines nicht unerheblichen Anteils an originaler Denkmalsubstanz zu Gunsten der Nutzbarkeit und der attraktiven Inszenierung des Denkmals ist nicht leicht gefallen. Doch auf diese Weise wurde

Ausstellungsböden Silohaus und Lagerhaus

aus einer schematischen Abfolge von Stapelböden ein reizvolles Raumkontinuum bis hinauf unter die eindrückliche Dachkonstruktion. In den beiden Dachgeschossen liegen die Atrien an den Außenseiten. Gläserne Brüstungen und Treppengeländer sorgen dafür, dass die Durchblicke nicht eingeschränkt werden und trotz der niedrigen Böden eine erstaunliche Offenheit entsteht, die die Besucher frei atmen lässt.

Die warme Atmosphäre im Gebäude wird durch die dominanten Holzböden, aber auch die Brettstapelwände, die zum Teil erhalten werden konnten und die kupfernen Kühldecken zwischen den Deckenbalken bestimmt. Die altertümlichen, aus Winkeln zusammengenieteten Stahlstützen, die Dachunterspannungen und andere eiserne Bauteile muten wie reale Demonstrationsobjekte der Schiffsbautechnik an, die in zahllosen Modellen und Zeichnungen präsentiert wird. Wenngleich Museumsnutzung üblicherweise nach möglichst neutralen Räumen verlangt, um die Exponate besser zur Wirkung zu bringen, lässt diese zauberhafte Atmosphäre, die ein Erlebnis für sich bietet, das maritime Museum zur schlüssigen Gesamtheit werden.

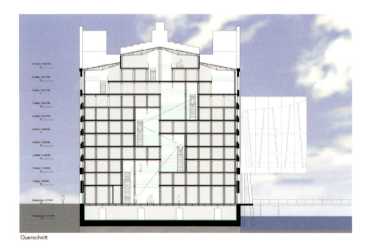

Querschnitt

Ausstellungsboden Dachgeschoss

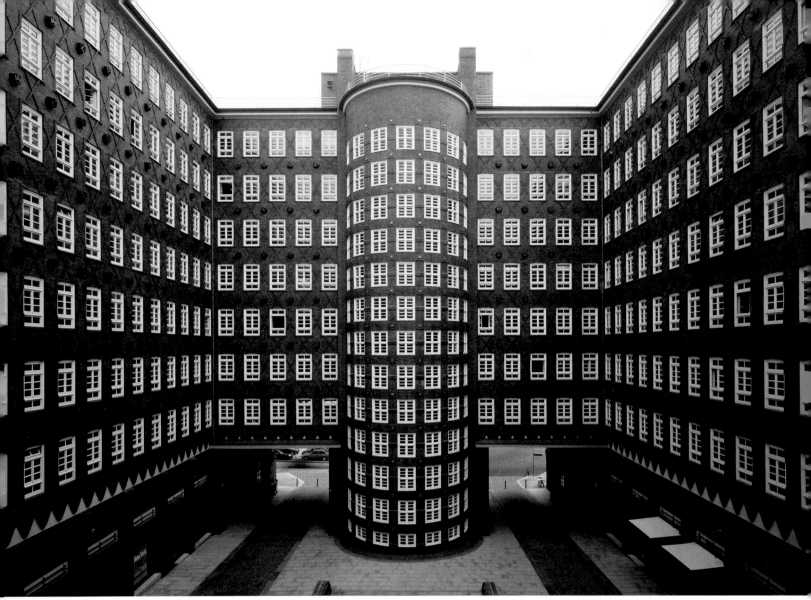

Neues Leuchten

Die Sanierung des Sprinkenhofs

Links: Sprinkenhof, großer Innenhof //
Oben: Westliche Treppenhalle

[KLEFFEL PAPAY WARNCKE ARCHITEKTEN]

Ein Kleinod Hamburger Kontorhausarchitektur, 1927/28 von den Brüdern Gerson gemeinsam mit Fritz Höger errichtet, der die beiden Erweiterungen allein anfügte, war für die Zukunft zu ertüchtigen – vermeintlich eine leichte Aufgabe, handelt es sich beim Sprinkenhof doch um einen weitgehend frei unterteilbaren „modernen" Skelettbau mit einer Geschosshöhe, die sogar den Einbau von Doppelböden erlaubte. Die Sanierung des maroden Stahlbetons, die Restaurierung der Klinkerfassaden und im Besonderen der charakteristischen Terrakottaköpfe an der Fassade stellten Architekten und Restauratoren jedoch vor schwierige Aufgaben. Die Schaufenster und Markisen im Erdgeschoss wurden mit dem historischen Vorbild nachempfundenen Profilen neu gebaut, die Fenster in den Obergeschossen größtenteils erneuert. Einer der Paternoster konnte in Funktion erhalten werden, ein unerwarteter Sieg der Denkmalpflege, doch ein vorläufiger, denn die Tage der gesetzlichen Zulassung dieser Transportmittel sind gezählt. Den Treppenhäusern, mit ihrer Lichtführung wichtige Stimmungsträger, wurde bei der Sanierung besondere Sorgfalt zuteil. In der „Kaskade" des Haupttreppenhauses wurden Lichtreflektoren angebracht, die zusätzliches Tageslicht in den Treppenturm werfen. Die Geländer, entgegen dem historischen Befund wie es vielleicht Paula Modersohn-Becker getan hätte statt schwarz in einem strahlenden Orange gestrichen, leuchten mit den Messingläufen und -türen um die Wette.

Im östlichen Viereckshof, als wichtige Fußwegverbindung von Gastronomie und Läden begleitet, konnte die sperrige Abfahrtsrampe zum Gewerbekeller aufgegeben und geschlossen werden. Durch Brüstungen und Lichtbänder im Boden ist sie noch ablesbar, der Raum jedoch dient nun als Straßencafé. Erschlossen ist das Garagen- und Anlieferungs-Untergeschoss nun vom westlichen Dreieckshof aus, der mit einem Glasdach überdeckelt wurde, um die Aufsicht von den Büros aus sympathischer zu gestalten.

Immer wieder neu waren denkmalpflegerische Detailentscheidungen zu treffen, sei es bei der Farbwahl, bei vom Ursprungszustand abweichenden Gestaltungen oder bei neuem Design von Um- und Anbauteilen. Das Soll, die Wiedergewinnung der historischen Raum- und Architekturwirkung, wurde gewissermaßen übererfüllt, denn so strahlend haben sich die Treppenhäuser in früheren Zeiten nie präsentieren können.

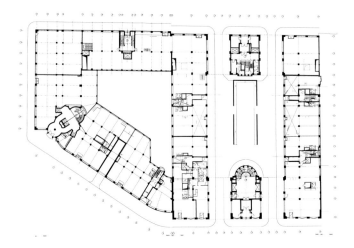

Westeingang

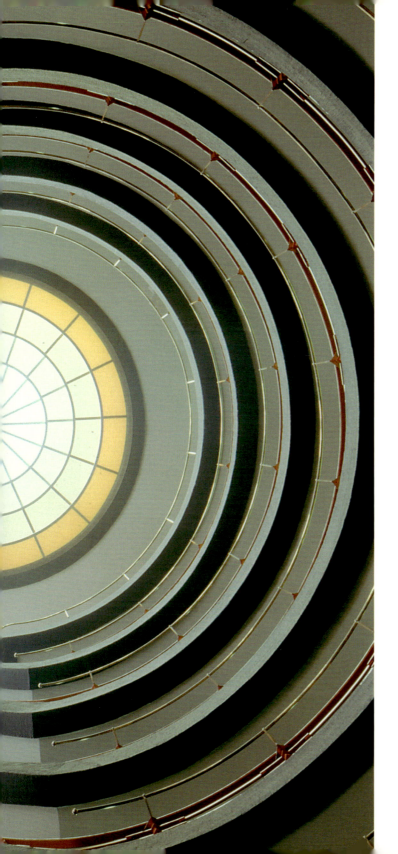

Vorige Seite: Fassade des Innenhofs // Links: Auge und Oberlicht des Haupttreppenhauses

Gesteigerter Wohnwert

Die Umwidmung der Fahrzeughallen zu Stadthäusern in Falkenried

Falkenried, Fassaden der ehemaligen Fahrzeughallen Südzeile vor den „Townhouses"
// Rechts: Fahrzeughallen mit „Townhouses" Nordzeile

[SPENGLER WIESCHOLEK ARCHITEKTEN UND STADTPLANER]

Ein typisches Konversionsprojekt: die Waggon- und Fahrzeugfabrik als innerstädtischer Industriestandort ohne Zukunftsperspektive, der Baubestand zum Teil denkmalwert, aufgrund der Dimensionen und Zuschnitte aber nur mit viel Fantasie neu zu nutzen. Auf solche Vorgaben reagiert man üblicherweise mit einem Entwicklungsprojekt, das unterschiedliche Nutzungen zusammenführt: Büroflächen für Dienstleistung natürlich, wenn´s irgend geht produzierendes Gewerbe einer emissionsfreien, umgebungsverträglichen Branche, Handel und Wohnen. Gelingt es, das Niveau hoch zu halten, dürfen es ruhig Wohnungen des oberen Sektors sein.

In Hoheluft ist dies gelungen. Falkenried konnte sich als Standort für Medien etablieren. In die 120 Meter lange Werkstatthalle ist RTL eingezogen und periphere Medienfirmen nutzen die Synergieeffekte. Das backsteinerne Verwaltungsgebäude haben BRT mit einer futuristischen Überbauung zu exklusiven Appartements umgewidmet und am Ostrand sind einige Bürotrakte samt Wohnhochhaus von Bolles+Wilson entstanden. Zwei Spangen Reihenhäuser mit zwischenliegender Tiefgarage wurden von Spengler Wiescholek in ruhiger Wohnlage inmitten des Blocks realisiert.

Doch da waren noch die Fahrzeughallen, auf die der Denkmalpfleger sein Auge geworfen hatte. Die eindrucksvolle, das Milieu des Geländes wesentlich mitbestimmende und die Geschichte des Ortes repräsentierende Anlage sollte erhalten und in ihrer Aussagekraft gestärkt werden.

Zunächst wurde die nachträgliche Überdachung des Straßenraums zwischen den beiden Hallenreihen abgebrochen. Ablesbar bleibt sie dennoch, an den abgeschweißten Trägerenden, die noch aus den Wänden schauen und am hintersten Joch, wo

"Townhouse" Treppenhalle

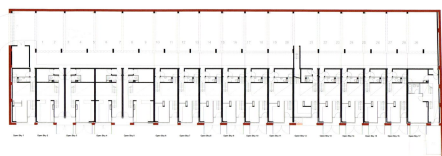

der letzte Träger samt Ostwandkonstruktion zur Demonstration stehen blieb. Von den Hallen konnten im Wesentlichen nur die gemauerten Außenwände und einzelne Trennwände erhalten bleiben. Sodann wurden die Hallen mit typisierten, drei- bis viergeschossigen Einfamilien-Reihenhäusern gefüllt, wobei die große Hallentiefe Platz für eine Parkierungszone ließ, die mit einer begrünten Plattform überdeckt ist.

Die beiden Fassadenfronten erzählen viel von ihrem Schicksal. Viele „Störungen" der eigentlich seriellen Struktur, vor allem an der Fassade der Nordzeile, wurden unkorrigiert belassen. Am gänzlich erhaltenen Ostgiebel der südlichen Halle über der Einfahrt zur Parkierung verrät eine Wandpartie, die früher Innenwand des Schornsteins war, dass hier der abgebrochene Schlot des Heizhauses stand.

Dass nicht alle Hallentore restauriert und erhalten werden konnten, fällt nicht ins Gewicht. Die Tore sind in offener Stellung fixiert, aber keineswegs funktionslos, denn sie gliedern den Raum, definieren kleine Vorzonen und machen die einzelnen Wohneinheiten ablesbar. Die vom Betreiber vor den Häusern aufgestellten und mit Buchsbaumkugeln und Bäumen besetzten Pflanztröge aus CorTen-Stahl unterstützen den Industriecharakter der gepflasterten Wohnstraße.

Da die Hallen alle unterschiedlich breit waren, ergaben sich trotz des typisierten Erscheinungsbildes 52 unterschiedliche Häuser mit 110 bis 240 Quadratmetern Wohnfläche. So wurden verschieden hohe Räume um einen alle Geschosse durchdringenden Licht- und Luftraum angeordnet oder durch halbgeschossige Niveauversätze abwechslungsreiche Zusammenhänge und Durchblicke geschaffen. Gartenhöfe auf dem Niveau über den Parkierungsanlagen und Dachterrassen steigern den Wohnwert der Stadthäuser beträchtlich.

Durch die mutige Konversion der Hallen ist es nicht nur gelungen, Denkmalsubstanz soweit möglich zu erhalten und die Geschichte des Ortes lebendig zu halten, sondern es ist ein ungewöhnlicher und anregender Wohnort entstanden, wie er mit Neubauten kaum zu gewinnen ist.

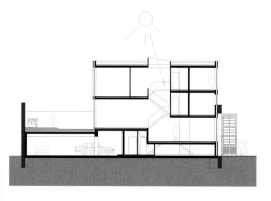

Der Wein im Panzerschrank

Umbau der ehemaligen Hypothekenbank zu einem Büro- und Geschäftshaus

Links: Ehemalige Hypobank, Hofseite //
Oben: Ehemalige Hypobank, sanierte Fassade und neue Aufstockung

[SEHW ARCHITEKTEN]

Das Nachbarhaus zeigt den Unterschied: Auch dort wurde ein Dachgeschoss aufgesetzt, ohne Ambitionen, unauffällig grau, symmetrisch. Doch irgendwie stört es. Der neue Dachaufbau der ehemaligen Hypothekenbank stört ebenfalls, doch im positiven Sinne, er weckt Interesse, er ist ein Hingucker.

Baurat Wilhelm Martens hatte sich 1896 für die Deutsche Hypothekenbank in der Hohe Bleichen eine prächtige Fassade einfallen lassen, die im Stil der Zeit irgendwo zwischen Klassizismus, Renaissance und Rokoko changiert. Zwei Vorbauten mit großen Toröffnungen deuten als Risalite eine Dreiflügelanlage an und verweisen auf höfische Bauweisen. Doch wo dazwischen der Cour d´Honneur seinen Platz hätte, schloss er die Straßenfront mit der großzügig befensterten Schalterhalle als Herzstück und wichtigstem öffentlichen Teil des Hauses. Die Terrasse gestattete es, die Halle mit Oberlicht zu versorgen und lud gleichzeitig zum sommerlichen Champagnerempfang vor der Direktionsetage.

Als die Architekten von SEHW sich des Gebäudes annahmen, um Läden, gehobene Gastronomie und Büros einzubauen, galt es auch, den durch Kriegszerstörungen und nachlässige Umbauten verblichenen ursprünglichen Glanz des Hauses wieder erlebbar zu machen. Das verbaute Oberlicht wurde wieder geöffnet, die Büronutzung aus der Schalterhalle entfernt und das provisorische Dach aus den fünfziger Jahren abgerissen.

Unter dem historischen Schild im Vestibül „Aufgang zur Kassenhalle" hängt ein neues: „Aufgang zum Restaurant". „Die Bank" nennt sich die noble Brasserie in der ehemaligen Schalterhalle, die mit Reminiszenzen und Anspielungen auf die Kreditwirtschaft ihr Spiel treibt. Die beiden Tresorkammern, von außen mit geätzten Stahl- und Messingplatten frisch gepanzert und im Inneren die teure Garderobe der Gäste einerseits und

Glasfassade 4. Obergeschoss

andererseits die kostbaren Weine bergend, erinnern an die Zeit von Reichsmarkbündeln und gedruckten Aktien. Der moderne, zentrale Tresen mit seiner schimmernden Messingverkleidung, in die Zahlencodes geprägt sind, verweist auf die bargeldlose Welt der Kreditkarten. Auf Wandtafeln künden Zitate von Karl Marx über den Bankräuber Mesrine bis zum leichtlebigen Fußballprofi Jimmy Hartwig vom unterschiedlichen Verhältnis der Menschen zum Geld.

Acht mächtige gusseiserne Säulen wurden von Farbe und Vergoldung befreit und gewannen im schwarzen Gusseisen-Look an Kraft und Ausdruck. Sie haben zwischen dem schlichten Gussasphaltboden und den stuckierten Unterzügen zu vermitteln. Rotes Ledermobiliar ergänzt das Interieur, das die angestrebte Exklusivität auch ohne den Pomp der Gründerzeit zu entwickeln vermag.

Ein Stockwerk höher überrascht der zentrale Raum mit strahlender Helligkeit. Vom Fußboden bis zur Decke ist hier alles in einem die Konturen verschluckenden reinen Weiß gehalten. Auch die in der Brasserie noch kraftvoll auftretenden Gusseisensäulen verlieren, weiß lackiert, ihre Kontur. Ein solitäres, dynamisches Raummöbel fungiert als leicht erhöhte Kommandozentrale für das Sekretariat. Der Zentralraum macht das historische Ambiente vergessen, doch den Vorstandszimmern ringsum ist durch sorgsam restaurierte Holzvertäfelungen, Einbaumöbel und Stuckdecken die traditionelle, gediegene Atmosphäre eigen.

Gänzlich neu ist der aufgesetzte zweigeschossige Dachaufbau, der mit Faserzementfassade und raumhohen, golden bzw. silbern bedampften Sonnenschutzgläsern die Formensprache der frühen sechziger Jahre bemüht. Er muss die verlorenen Ziergiebel über den Risaliten und dem Mittelbau ersetzen und tut das mit Respekt und Selbstbewusstsein gleichermaßen. Im Mittelteil sind Alt und Neu miteinander verwoben, indem der alten Fensterfront Glaslamellen vorgesetzt wurden. Der neue Gebäudekopf will nicht gestalterische Abrundung sein, sondern entwickelt eine eigene, starke Dramaturgie, indem er die Symmetrie bricht und den Dialog mit dem Altbau nicht in allzu glatte Harmonie verfallen lässt.

Links: Bürogeschossaufbau Hofseite // Oben: Modernes Vorzimmer und historisches Büro // Darunter: Zentrales Vorzimmer mit Rauminstallation für das Sekretariat

Denkmalpflegerisch penible Restaurierung und effektvolle Inszenierung des geschichtsträchtigen Altbaus einerseits und dialektische Ergänzung des qualitätvollen Alten um Neues gleichen Formats – der Umbau der ehemaligen Hypothekenbank zu einem Büro- und Geschäftshaus hat beides zu bieten und hat dafür gesorgt, dass Hohe Bleichen 17 wieder zu einer ersten Adresse geworden ist.

Links: Brasserie „Die Bank" in der ehemaligen Schalterhalle // Oben: Brasserie mit Fotokunst von Martin Kunze // Unten: Brasserie mit Eingang zum Tresor, der als Garderobe dient

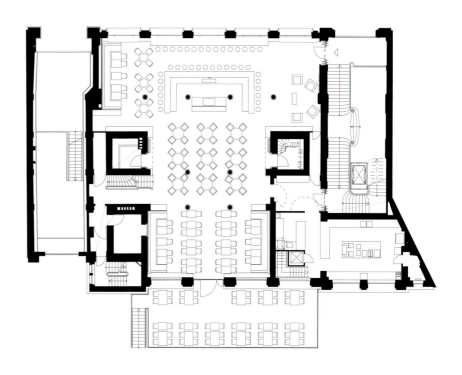

Hofseite mit Brasserie-Terrasse

Wie auf Zehenspitzen

Das „Haus im Haus" der Handeskammer Hamburg

Blick in den Ausstellungsraum im 2. Obergeschoss // Rechts: Das „Haus im Haus" der Handelskammer

[BEHNISCH ARCHITEKTEN]

Plötzlich hatte die Handelskammer Hamburg drei große Säle zur Verfügung, denn im Jahr 2002 hatte die Wertpapierbörse gekündigt, weil ihre Aktivitäten inzwischen mehrheitlich im virtuellen Raum stattfinden. Woran es hingegen mangelte, war Büroraum, Platz für das Existenzgründerzentrum, für Ausstellungen und intimere Räume für den Börsenclub. Raum im Überfluss einerseits, Platzmangel andererseits, das schien sich zu ergänzen. Wer jedoch auf die Idee kam, den wunderbaren, repräsentativen, drei Geschoss hohen Saal mit kleinteiligen Nutzungen zuzubauen, musste ein sehr prosaischer Denker sein. Denn heute werden historische Bauwerke in aller Regel von derlei störenden Einbauten früherer Jahrzehnte wieder befreit, um den ursprünglichen Raum in seiner Pracht und Großzügigkeit zurückzugewinnen.

Luis Moreno war denn anfangs auch ein Gegner des Vorhabens der Handelskammer, den einstigen Börsensaal mit heterogenen neuen Nutzungen zu füllen, weil er den Saal als bauhistorisch und künstlerisch zu wertvoll ansah.

Als dann 2003 der Architektenwettbewerb entschieden werden sollte, zu dem nicht weniger als 600 Teams ihre Vorschläge eingereicht hatten, war der Umgang mit dem historischen Saal und dessen Raumeindruck auch ein entscheidendes Kriterium, das für den Entwurf aus dem Stuttgarter Büro Behnisch & Partner sprach. Die Architekten brachten die 1000 m² Nutzfläche nicht wie die meisten Mitbewerber auf drei bis vier, sondern auf sechs Geschossen unter, mit dem Ergebnis eines weitaus schlankeren Baukörpers, der weniger Grundfläche einnimmt und vor sich noch eine großzügige Foyerfläche frei lässt. Dadurch kann das Bauwerk als „Haus im Haus" (so auch der offizielle Name) wahrgenommen werden, das von den klassizistischen Saalwänden

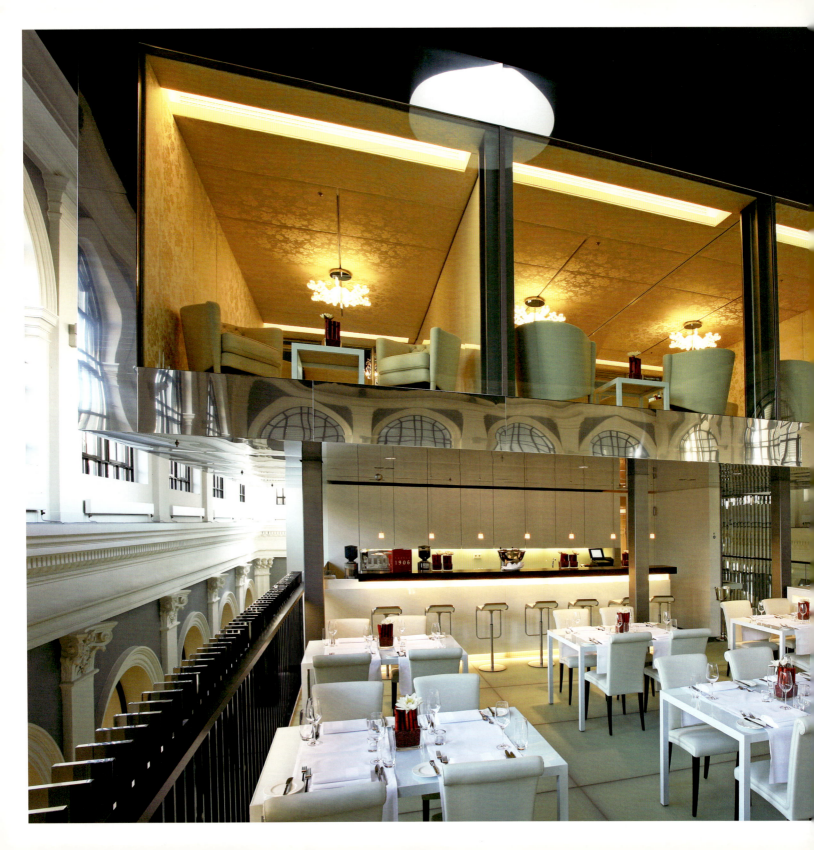

Restaurant im 4. Obergeschoss und Clubräume im 5. Obergeschoss

genügend Abstand hält und sie gut zur Geltung kommen lässt. Man könnte sogar sagen, durch die Möglichkeit, die Arkaden und Säulenordnungen von den verschiedenen Ebenen des „Hauses im Haus" erleben zu können, wird der Saal zum Exponat, wird die Begehung zum besonderen Architekturerlebnis.

Der unerwartete Effekt hat aber auch mit der Architektur des Einbaus selbst zu tun. Es ist weniger ein Haus als vielmehr eine transparente, gläsern-spiegelnde Skulptur, die in ihrer immateriellen Wirkung an die Arbeiten von August Macke erinnert. Dünne Wandscheiben, gläserne Wände und chromglänzende Lamellen bilden die Räume, deren Begrenzungen oft durch Transparenz und Reflexionen verschwimmen. Natürlich erleichterte die Tatsache, dass das Bauwerk nicht Wind und Wetter ausgesetzt ist, also viel einfacheren statischen und klimatischen Bedingungen zu entsprechen hat, die Realisierung der Idee der ephemeren, offenen Räume. Mit schlanken Stützen balanciert der Neubau wie auf Zehenspitzen im Raum, als wolle er den Boden so wenig wie möglich berühren. Mit zwei gläsernen Brücken stützt er sich vorsichtig seitlich ab wie mit ausgestreckten Zeigefingern.

Die untere Brücke schafft eine Verbindung zum Hauptgeschoss des Altbaus, die obere führt auf das Dach des Zwischenflügels, das für Empfänge als Dachterrasse dient. In den unteren beiden Geschossen werden Existenzgründer beraten. Eine Wendeltreppe führt hinauf zu den Besprechungsräumen. Bis auf die öffentliche Ebene vier führt die seitliche Freitreppe. Ebene drei und vier beherbergen eine Dauerausstellung der Handelskammer. Hier sind in den Vitrinen auch wertvolle Stücke aus der Commerzbibliothek, der ältesten Wirtschaftsbibliothek der Welt zu bewundern. Auf den oberen beiden Niveaus empfängt der Börsenclub der Handelskammer seine Mitglieder und Gäste mit gehobener Gastronomie. Auf offener Terrasse ist der Saal zu erleben, doch es gibt auch intimere Zimmer zum Tafeln und Konferieren in kleinstem Kreis.

Das „Haus im Haus" entspricht in idealer Weise dem denkmalpflegerischen Credo der potenziellen Reversibilität neuer

Einbauten und Veränderungen zur späteren Rückführung des Denkmals in seinen ursprünglichen Zustand. Doch das kann sich angesichts des strahlenden Baus im Augenblick wirklich niemand vorstellen. Wahrscheinlicher ist, dass der Neubau dereinst selbst zum Denkmal, zum Teil des Gesamtensembles werden wird. Doch wer vermag schon die Denkmalschutzdoktrin späterer Generationen vorherzusehen.

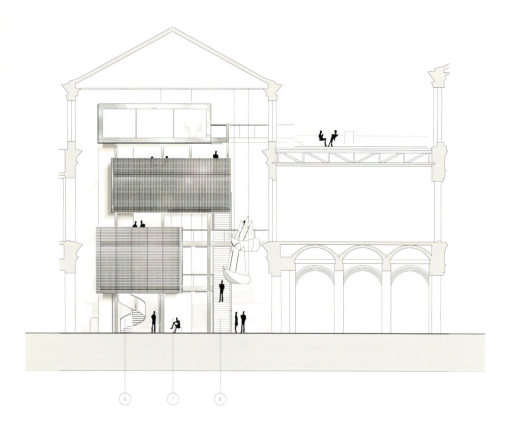

Leichte Stahlkonstruktion mit gläsernen Böden //
Nächste Doppelseite: Historischer Deckenausschnitt

Zu Champagner das Hafenpanorama

Der Umbau des Stadtlagerhauses am Fischmarkt

Links: Ehemaliges Stadtlagerhaus mit modernem Kopfbau von Norden // Oben: Ensemble der Mühle und Mälzerei Lange am Fischmarkt

[JAN STÖRMER PARTNER]

‚Weizenmühle H.W. Lange u. Co.K.G.' stand früher in großen Blechlettern an der hafenseitigen Backsteinfassade zu lesen. Ein mächtiger Kornspeicher für geschossweise horizontale Lagerung – das Stadtlagerhaus – und ein fast 30 Meter hoher Silospeicher besetzten das westliche Ende des Fischmarkts. Zwischen den beiden dienten allerlei Maschinerie, Kesselanlagen und ein beeindruckender Schornstein dem Betrieb der Anlage. Aufgenommen wurde das Getreide mit Saugrüsseln aus den Schuten, die vor der Südseite direkt am Haus festmachten, verarbeitet wurde es von den Mühlen im Haus und von einer im Norden angeschlossenen Mälzerei, wohin es über die Große Elbstraße hinweg mittels Rohrleitungen verbracht wurde.

Die Immobilien sind nicht ganz unbeschadet über den Krieg gekommen. Dass sie, wie so viele Hafeneinrichtungen, nicht mehr in ihrer ursprünglichen Funktion zu nutzen sind, vermag nicht zu überraschen.

Der Schriftzug ‚Stilwerk' verweist auf die neue Zweckbestimmung der Mälzerei als schickes Design-Kaufhaus mit historischem Fluidum. Ein Abglanz Alt-Hamburger Atmosphäre, der fantastische Hafenblick, die Südlage und die inzwischen hochentwickelte Nachbarschaft mit Büros, Restaurants und Appartements waren beste Voraussetzungen für das Projekt, und eine Mischung ist auch im Stadtlagerhaus realisiert worden. Das Restaurant im Erdgeschoss profitiert von der exponierten Lage und dem Freisitz am Wasser. Die schweren Hochwassertüren fördern eher den Charakter der Hafenarchitektur als dass sie stören würden. Die Fenster sind mit Panzerglas ausgerüstet, denn das Hochwasser kann hier schon mal bis zur Deckenhöhe steigen. Die gläserne Eingangshalle zwischen den beiden Baukörpern wird dann geflutet und ist entsprechend pflegeleicht ausgestattet. Von hier aus sind die Büros und die Wohnungen zu erreichen.

Fünf Bürogeschosse ließen sich im Lagerhaus unterbringen, acht Etagen gar im Silogebäude. Zwei massive Innenwände und das neue, ins Zentrum geschobene Treppenhaus bilden die räumlichen Parameter des nahezu quadratischen Lagerhaus-Grundrisses. Zwei räumlich getrennte, ineinandergeschachtelte Treppen sind in einem Schacht untergebracht. Nur so ließen sich Brandschutzauflagen und denkmalgerechte Gestaltung unter einen Hut bringen.

Ein enormer Gewinn für das Raumgefühl in den Büros sind die kleinen Balkons, die es erlauben, vor die Fassade zu treten, um Wind und Wetter und die Aussicht zu genießen oder kurz frische Luft zu schnappen. Der Architekt hat sie als Metallkonstruktionen gestaltet und leicht unregelmäßig über die Fassade verteilt und erinnert damit an die Funktion der früheren Ladeluken. Schließlich konnten auch noch das Ladegeschirr und die Saughebevorrichtung des Silogebäudes an der wasserseitigen Fassade erhalten werden.

Büroetage im ehemaligen Lagerhausboden

Clou des Kornspeichers ist jedoch der viergeschossige, gläserne Kopf. Auch diese moderne Zutat hat einen historischen Ursprung, denn der Glaskubus entspricht in Volumen und Wirkung dem Aufbau der Nachkriegszeit. 28 Wohnungen sind heute im Kopf des Stadtlagerhauses untergebracht, wahrhaft privilegierte Ein- bis Drei-Zimmer-Appartements mit Concierge, fantastischem Hafenblick und Sonnendeck auf der Dachterrasse. Als Wind-, Klima- und Akustikschutz ist den Wohnungen ringsum eine 1,60 Meter breite Wintergartenzone vorgelegt, deren Glaslamellen sich weitgehend öffnen lassen und den ganzjährigen Aufenthalt bei jeweils ‚dosierter Wetterzufuhr' ermöglichen.

Die Dachterrasse mit dem leuchtend orange gestrichenen Treppen- und Aufzugsturm, einem zum Wasser auskragenden ‚Kapitänsbalkon' und einem (nicht gebrauchten aber den Vorschriften genügenden) Kinderspielplatz steht den Mietern zur Verfügung. Es gibt allerdings auch einen kleinen Steg hinüber zum Dachgeschoss des Silos. Dort, hinter dem rekonstruierten

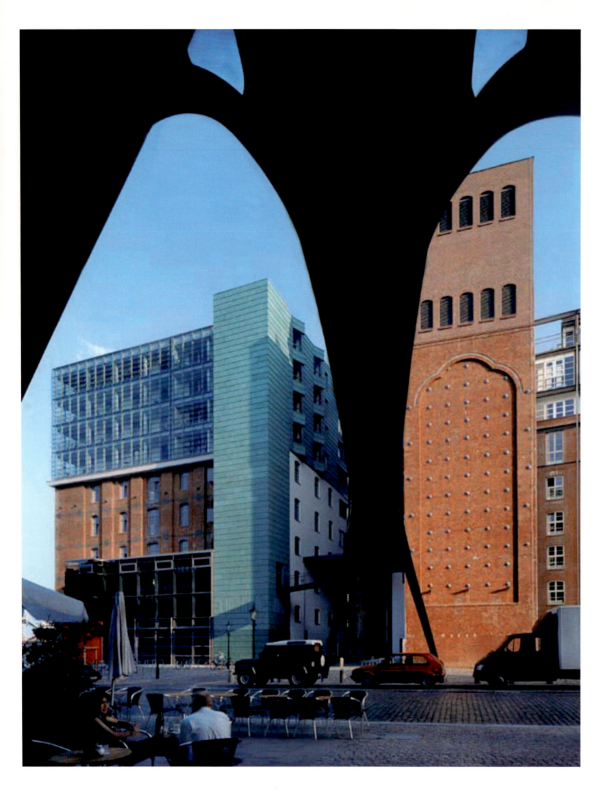

Links: Nordseite Lagerhaus und Silo an der Großen Elbstraße // Oben: Hochwasserfreier Brückenzuweg

Backsteingiebel und unter dem markanten Kupferdach, wird der Dachraum mit der eingestellten Galerie für Schulungen genutzt. Und wenn am Abend ein Empfang stattfindet, wandelt die Gesellschaft über den Steg zur Terrasse hinüber, um bei Champagner und Kanapees die zauberhafte Aussicht auf das abendliche Hafen- und Stadtpanorama zu erleben.

Von außen fallen, insbesondere bei Innenbeleuchtung, die gläsernen Einschnitte im kupfergrünen Dachkörper ins Auge. Von innen steigern die Glasfugen mit ihren Lichtkaskaden den Raumeindruck des Dachraumes, der durch den strahlend weißen Innenausbau seine prismatische Klarheit und Eindrücklichkeit erhielt.

Da eine Tiefgarage im Hochwassergebiet nicht der Weisheit letzten Schluss darstellt, kam der Architekt auf eine andere, verblüffende Idee. Warum nicht im Silo Karossen statt Korn speichern? Wo früher die hölzernen Rundsilos eingebaut waren, können nun 134 PKW ‚gespeichert' werden. Ein mechanisches Magaziniersystem mit drei Aufzügen stapelt den Wagen automatisch auf einer der 17 Ebenen und stellt ihn dem Benutzer nach Abruf innerhalb einer Minute wieder zur Verfügung.

Von außen sind davon nur die drei Einfahrttore zu erkennen. Ansonsten wird der Silobau durch den mächtigen Schornstein charakterisiert, der im Krieg abrasiert wurde und den der Architekt bis zur Traufkante wieder aufmauern ließ. Notwendig ist er eigentlich nicht, außer als „Brückenkopf", denn in ihm endet der Steg zum Lagerhaus und die geschwungene Stahlbrücke hinüber zum Stilwerk. Nur bei Hochwasser wird die Brücke wirklich gebraucht, denn dann ist das Stadtlagerhaus trockenen Fußes nur auf der Ebene +1 zu erreichen.

Historische Industriearchitektur allgemein und Hafenarchitektur im Besonderen sind derzeit beliebt und bestens zu vermarkten. Nostalgische Verhübschung und touristische Vermarktung, wie sie in der Speicherstadt weiter stadteinwärts beobachtet werden können, sind kein allgemein gangbarer Weg für die Revitalisierung und Strukturänderung historischer Industrie- und Infrastrukturareale. Jan Störmer hat Altes mit Neuem auf eine selbstbewusste und qualitätvolle Weise ergänzt, mit dem signalhaft-farbigen Entrée an der Straßenfront, der gläsernen Zwischenhalle, dem weithin sichtbaren Wohnungsaufbau und dem grün leuchtenden Dachprisma. So wurde das Stadtlagerhaus durch architektonische Werte zu einer der ersten Adressen im Quartier, die sich wohl jeder gerne auf die Visitenkarte schreiben würde.

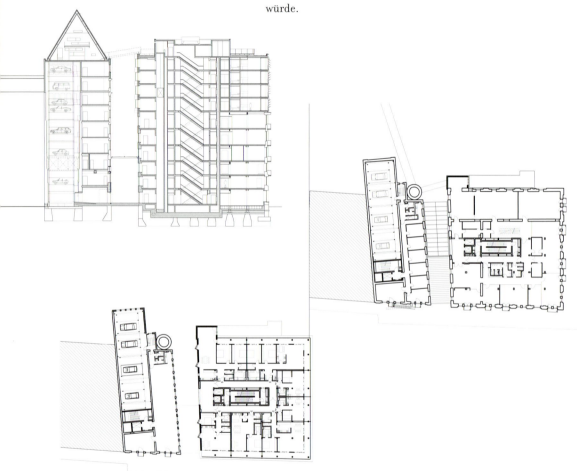

Querschnitt West-Ost, Grundriss Bürogeschoss und Grundriss Wohngeschoss im Kopfbau // Rechts: Ostseite gegen die Fischauktionshalle

Spaß am Beton
Eine Elbchausseevilla wird zum Architekturbüro

Restaurierte Elbchausseefront mit neuem Büroanbau // Rechts: Anbau Gartenseite

[SPENGLER WIESCHOLEK ARCHITEKTEN UND STADTPLANER]

Die Mitbieter hatten kalte Füße bekommen, denn ein Risiko war es schon, die Villa in einem Bieterverfahren ad hoc aus städtischem Besitz zu erwerben. Der Sanierungsbedarf des hundert Jahre alten Hauses war schwer abzusehen, Hausschwamm und andere Unbill drohte. Die Architekten Spengler und Wiescholek glaubten, das Projekt schultern zu können und griffen zu, um im repräsentativen Haus an der Elbchaussee ihr Büro einzurichten.

Von diesem Umgang mit dem Altbau träumt der Denkmalpfleger. Mit großer Neugier untersuchten die Architekten den Bau, räumten aus, was spätere Jahrzehnte hineingeschustert hatten, schabten ab, was verkleistert, öffneten, was verschlossen, legten frei, was verborgen gewesen war. Schließlich wurde auch eine Restauratorin eingeschaltet, die den Farbschichten auf den Grund ging. Hier und da hat sie Probefenster ihrer Arbeit offen gelassen, wo die Zeitschichten nun ablesbar sind. „Wann soll ich denn kommen und streichen", fragte der Maler angesichts der freigeschabten Flurdecke mit ihrem tiefblauen Farbauftrag mit den deutlichen Fehlstellen. Er wurde herbe enttäuscht, denn die Decke mit dem Befund blieb wie sie war und zeigt nun das originale, zu den Wand- und Bodenfliesen passende Farbkonzept, freilich als spurenreiches Dokument, nicht als geschönte Rekonstruktion.

Das Treppenhaus wurde gänzlich von Farbe befreit und präsentiert sich wieder holzsichtig. Die Türen wurden aufgearbeitet, eine der Türen, deren Öffnung aus Feuerschutzgründen geschlossen werden musste, geschickterweise durch einen Spiegel ersetzt. Im Untergeschoss wurden – trotz künftiger Büronutzung – die Fliesen der Waschküche an den Wänden gelassen, ohne Ergänzung fehlender Teile natürlich. Auch in den Büroräumen ist die Historie nicht frisch überstrichen, sondern erscheinen

Restauriertes Interieur

manche Flächen wie Ausstellungswände, auf denen die bauarchäologischen Entdeckungen zur Schau gestellt sind. Wozu Wandschmuck, wenn man den Befund als Geschichte pur zeigen kann?

Im rückwärtigen „Herrenzimmer" waren die Deckenbalken morsch und wurden zum Teil ausgewechselt. Einige Stuckornamente ließen sich retten. Auf das Nachgießen der anderen wurde verzichtet, denn der Zeitschnitt sollte nicht verunklart werden. Stattdessen redete man sich die Köpfe heiß, welches wohl die angemessene Farbgebung der Decke sein könnte, bei der keine Befunde vorlagen – eine durchaus sophistische Frage, deren Behandlung die Ernsthaftigkeit illustriert, mit der das ganze Unternehmen von Architekten und Denkmalpfleger angegangen wurde.

Neben den Wänden im schrundigen aber authentischen Zustand wirkt die Sichtbetonwand des Neubauteils in ihrer Rohheit als kongeniale Ergänzung. Die Architekten hatten gemäß Bebauungsplan die Möglichkeit, den Bauwich zum Nachbarhaus mit einem raumbreiten Bauteil zu schließen und auf diese Weise benötigten Büroraum zu gewinnen. Selbstverständlich wurde es kein Putzbau mit altväterlichen Lochfenstern, sondern ein gläserner Riegel, der über der Durchfahrt zum Garten schwebt. An der Seitenfassade verschränkt er sich mit dem Altbau. Zum Garten hin tritt er als Bauteil hervor und gibt Einblick in das Innere des Hauses, wie es früher nie zur Schau gestellt war. Die Brandwand blieb innen unverputzt. Die Architekten haben „Spaß am Beton" und zelebrieren ihn wie edlen Marmor.

Das Haus markiert eine extreme Position der Denkmalpflege, mit absoluter, auf jegliche Ästhetisierung verzichtender Treue zum Original und zum Bestand als bauhistorische Urkunde sowie mit seiner kompromisslosen modernen Anfügung, die eines gewiss nicht ist: sensible, feinfühlige, harmonische Abrundung des Altbaus. Eine neue Sehgewohnheit wird eingeführt. Das Alte, Unperfekte, auch Unästhetische wird nobilitert und in seiner eigenen Ästhetik überhöht. Und das Eigenartige geschieht: Der Paradigmenwechsel funktioniert.

Links: Restaurierte Haupttreppe // Rechts: Büroraum mit freigelegten, nicht ergänzten Wandpartien

Und oben eine andere Welt

Die Sanierung eines Bürohauses zum „Aztekenkontor"

Links: Ostfassade mit Dachgeschossaufbau // Oben: Standort am Bleichenfleet

[AKYOL KAMPS ARCHITEKTEN]

Strahlend weiß grüßt das Kontorhaus mit der ungewöhnlichen, grünen Haube zum Baumwall herüber. Inmitten neuerer Bürohäuser sticht das einzig erhalten gebliebene historische Gebäude aus seiner Umgebung heraus. Freilich hat das 1910 entstandene, in einem späten Jugendstil dekorierte Haus nicht unbeschadet den Krieg überstanden. Der Dachaufbau war einer Brandbombe zum Opfer gefallen. Mit einem flachen Notdach hatte man es wieder brauchbar gemacht. Dieser Mangel sollte mit der grundlegenden Sanierung gleich mit behoben werden.

Das Gebäude war als Stahlskelettbau mit massiven Außenwänden errichtet worden. Bei der Gestaltung der Fassade war die weitgehende Wiedergewinnung des historischen Bildes das Ziel. Vermauerte Fenster wurden wieder geöffnet und das in großen Teilen erhaltene, stark am Wiener Jugendstil orientierte Dekor restauriert, jedoch keine verlorenen Teile rekonstruiert. Da die Dekorformen an den Fußpunkten der Pilaster an aztekische Ornamentik erinnern, hat man diese Assoziation zur Markenbildung herangezogen und das Haus Aztekenkontor genannt. „Aztec Café" steht über dem Eckeingang zum Café im Erdgeschoss.

Das frühere Mansarddach erfuhr insofern eine Neuinterpretation, als die beiden aufgesetzten Staffelgeschosse mit einer gerundeten Haube überfangen wurden. Deren Außenkontur wird durch horizontale Aluminiumlamellen gebildet, die ringsum durchlaufen.

Der Eingang und das Treppenhaus wurden in verhaltenen modernen Formen neu gestaltet. Die Türen zum Treppenhaus, historisierend, schwarz glänzend lackiert, entsprechen dem Kontorhaustypus. Ansonsten bestimmen klare Linien und Muschelkalk, Granit, rotes Linoleum und die stählernen Geländer und Wangen den gediegenen Charakter des Tressenhauses.

In den Geschossen erfuhren die Grundrisse eine Bereinigung. Die Ebenen lassen sich teilen und an bis zu drei Parteien einzeln vermieten. Im einstigen Paternosterschacht fand ein sehr breiter Aufzug Platz, dessen Fahrt in den Keller und ins Dachgeschoss verlängert wurde. Unverkleidet kommt das alte Tragwerk zur Wirkung, dem noch nichts von der späteren Perfektion des seriell produzierten Stahlbaus eigen ist. Die Medien werden in Metallkorbtrassen an der Decke verteilt. Die ungeschönten Räume haben ihren herben Charme behalten.

Eine andere Welt erwartet den Besucher in den beiden aufgesetzten Dachgeschossen. Die Konstruktion ist in gewichtsparender Bauweise als Stahlbau aufgesetzt, die Fassaden als Holzkonstruktion ausgeführt. Eine offene Treppenhalle verbindet die beiden Geschosse, die von einer Anwaltskanzlei genutzt werden, und ermöglicht es, den Raum als Ganzes zu erleben. Gefällig designte Wandeinbauten, Schränke und Regale sind in die Raumteilung integriert und ergeben ein sachliches, aber elegantes Ambiente. Die von den Lamellen kontrollierte Lichtfülle und eine großartige Aussicht ringsum bestimmen den Charakter der Räume, die durch die Zeitlosigkeit des Designs mit dem gesamten Gebäude harmonieren.

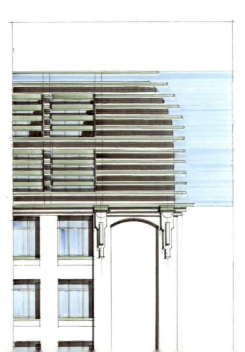

Zweigeschossiger Dachaufbau mit Lamellenfassade

Links: Treppenhaus // Mitte: Büro in den ehemaligen Gewerbeetagen //
Rechts: Büro im neuen Dachgeschossaufbau

Schon immer dagewesen?
Das Hotel im Wasserturm auf der Sternschanze

Foyer im ehemaligen Tiefspeicher // Rechts: Südansicht mit neuen Fensterdurchbrüchen

[ARCHITEKTURBÜRO FALK VON TETTENBORN]

Er sollte nur zwei Generationen seinen Dienst tun, der weithin sichtbare, kraftvolle Turmbau, der an Hans Poelzigs ausdrucksstärkste Entwürfe aus der selben Zeit erinnert. Der 1907 bis 1910 von dem Hamburger Architekten Wilhelm Schwarz auf der Sternschanze errichtete Wasserturm war notwendig geworden, nachdem die Wasserspeicher zu seinen Füßen wegen der wachsenden Bauhöhe der Häuser ringsum nicht mehr das notwendige Druckniveau aufbauen konnten. Aber bereits 1961 wurde dem Turm das Wasser wieder abgedreht, die moderne Fördertechnik hatte ihn arbeitslos gemacht. Dreißig Jahre lang bemühte sich der Senat und versuchten sich mehrere Investoren an der Aufgabe, eine neue Nutzung für das Wahrzeichen zu finden. 2007 war es schließlich soweit – das 4 Sterne Plus-Mövenpick-Hotel konnte eingeweiht werden, mit immerhin 226 Zimmern, in bester Lage unmittelbar neben dem Messegelände.

Die Lobby, Restaurants, Clubräume, Bar und kleinere Sitzungszimmer ließen sich prächtig in den stimmungsvollen Backsteingewölben des unterirdischen Wasserspeichers unterbringen. Nur das Entrée erwies sich als knifflig, sollte doch der beliebte und umkämpfte Park mit Freiluftkino und Schlittenbahn geschont werden. Eingang und Vorfahrt wurden an den Fuß des Schanzhügels an die Straße Sternschanze verlegt und sind mit der Lobby durch einen ansteigenden unterirdischen Gang verbunden. Ein Rollsteig transportiert die Gäste hinauf zur Lobby. Die gewellte Decke, Lichtspiele und Tropfgeräusche (original im früheren Wasserturm aufgenommen), stimmen etwas vordergründig auf das Thema Wasser ein.

Der Turm selbst wird schon in der Lobby erlebbar durch seine beeindruckenden Betonfundamente und einzelne Deckenfenster, die den Aufblick freigeben.

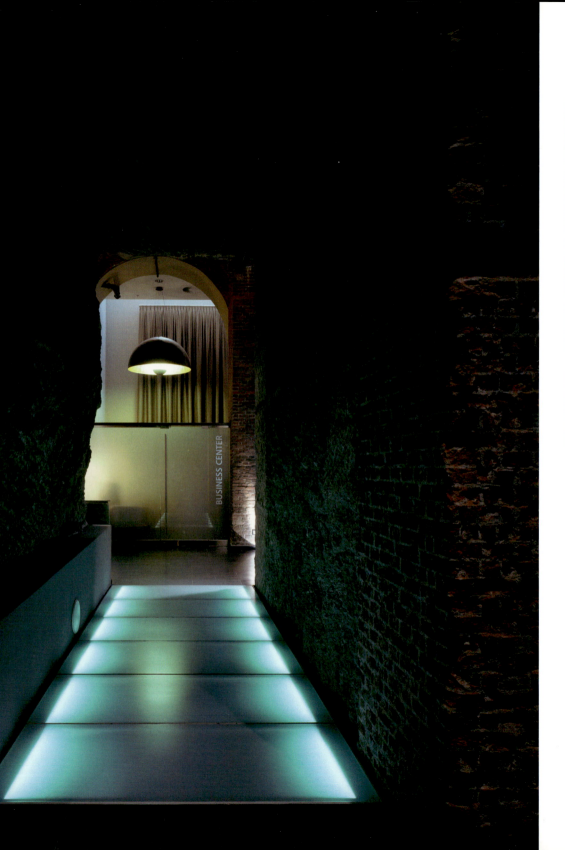

Links: Business Lounge im Obergeschoss des Tiefspeichers // Oben: Turmfundament im Foyer

Hoher Preis für die Erhaltung des Bauwerks war freilich der komplette Verlust der inneren Struktur des Turms, der vollständige Neubau des Turmkopfs und der Durchbruch von mehr als 200 Fenstern. Der Turm wurde vollständig ausgekernt, die beiden Wassertanks zerlegt und durch das abgenommene Dach ausgeflogen. Anschließend wurde ein neuer Betonkern mit den Erschließungselementen aufgebaut und 18 Geschossdecken wurden neu eingezogen. Die zusätzlichen Fenster zwischen den Pfeilern des Turmschachts fügen sich nahtlos in das historische Fassadensystem und wirken, als seien sie schon immer dagewesen. Über dem Kranzgesims mit einer letzten Fensterreihe wurde der Kopf des Turms komplett neu errichtet. Zwei Geschosse liegen hinter den Glaslamellen des Helmkörpers, weitere drei Geschosse mit den teuren Suiten im Pyramidendach.

Im Unterschied zu dem Wasserturmdach mit seinen kleinformatigen Halbbogenfenstern wurden große Fensteröffnungen notwendig, insbesondere für die beiden zweigeschossigen Premiumsuiten in der Spitze des Turms, die mit wunderbarer Aussicht von Bett und Badewanne aus aufwarten können.

Immer wieder wird der Gast an den Ursprung des Hotels erinnert, wenn in den Besprechungsräumen die ingeniesen Auflager des ehemaligen Wassertanks anzutreffen sind, wenn er auf den in Sichtbeton ausgeführten Schacht trifft oder wenn seine Zimmertür mit Stahlblechgewände und aus Nieten gesetzter Zimmernummer in Ingenieurbaumanier gestaltet ist. Bei der Inneneinrichtung der Flure und Zimmer aus dem Büro Markus-Diedenhofen ist es jedoch nicht gelungen, die Vorlage durch die Architekten aufzunehmen und qualitätvoll fortzuführen.

Zum Betrieb eines mittelgroßen Hotels ist ein Minimum an Tagungsraumangebot notwendig. Beim Hotel auf der Sternschanze sind diese Räume in einem zurückhaltenden Anbau untergebracht, der unter den Baumkronen städtebaulich unauffällig neben dem Turm platziert ist. Eine schwerwiegendere Maßnahme aus der Sicht des Denkmalschützers ist der neue Kopf des Turms. Doch dieser zeichnet die alte Silhouette nach und die Befensterung, geschickt in die Baustruktur eingebunden, gibt sich selbstverständlich, als sei sie schon immer so gewesen. Mit erklecklichem Aufwand und kreativen Ideen konnte das lange Zeit nutzlose Wahrzeichen St. Paulis reanimiert und erhalten werden.

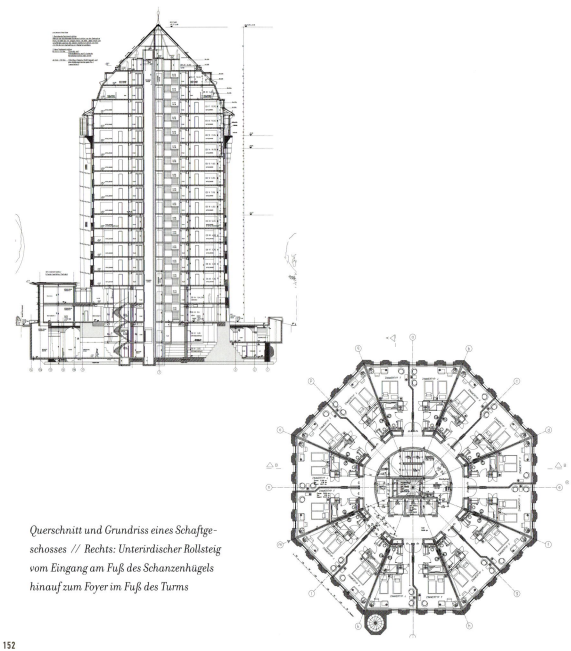

Querschnitt und Grundriss eines Schaftgeschosses // Rechts: Unterirdischer Rollsteig vom Eingang am Fuß des Schanzenhügels hinauf zum Foyer im Fuß des Turms

Projektdaten und Architekturbüros

Projektdaten und Architekturbüros

SEITE 16 | CASINO ESPLANADE
Stephansplatz 10

BAUHERR: Grundstücksgesellschaft Stephansplatz 10 und Spielbank Hamburg, vertreten durch Twesten GmbH

ARCHITEKTEN:
Böge Lindner Architekten
Brooktorkai 15
20457 Hamburg
(0 40) 32 50 66 - 0
info@boegelindner.de
www.boegelindner.de

FOTOGRAF:
Klaus Frahm

//

SEITE 24 | KESSELHAUS HAFENCITY
Am Sandtorkai 30

BAUHERR:
HHLA

ARCHITEKTEN:
gmp Architekten von Gerkan, Marg und Partner
Elbchaussee 139
22763 Hamburg
(0 40) 8 81 51 - 0
hamburg-e@gmp-architekten.de
www.gmp-architekten.de

FOTOGRAF:
Klaus Frahm

SEITE 28 | HHLA-VERWALTUNG
Bei St. Annen 1

BAUHERR:
HHLA

ARCHITEKTEN:
gmp Architekten von Gerkan, Marg und Partner
Elbchaussee 139
22763 Hamburg
(0 40) 8 81 51 - 0
hamburg-e@gmp-architekten.de
www.gmp-architekten.de

FOTOGRAF:
Jürgen Schmidt

//

SEITE 36 | KATHARINENHOF
Zippelhaus 1-2 / Neue Gröningerstraße 4

BAUHERR:
Thomfinanz Deutschland GmbH

ARCHITEKTEN:
Gössler Kreienbaum Architekten BDA
Brauerknechtgraben 45
20459 Hamburg
(0 40) 37 41 26 - 0
info-hh@gk-arch.de
www.architekten-goessler.de

FOTOGRAFEN:
Monika Ruberg (S.36, S.38), Dieter Seidel (S.37, S.39)

SEITE 40 | BÜROWELTEN ELBSCHLOSSBRAUEREI
Elbchaussee 370

BAUHERR:
Peter Döhle Schifffahrts-KG

ARCHITEKTEN:
BRT Bothe Richter Teherani
Oberbaumbrücke 1
20457 Hamburg
(0 40) 2 48 42 - 0
office@brt.de
www.brt.de

FOTOGRAF:
Jörg Hempel

//

SEITE 50 | KONTORHOF LACKFABRIK MALECO
Holstentwiete 15-17 / Fischers Allee 68-70

BAUHERR:
Niantic Holding (Altbau), Georg Moshage AG (Neubau)

ARCHITEKTEN:
HS-Architekten Holger Schmidt, Robin Limmroth
Hallerstraße 8
20146 Hamburg
(0 40) 41 34 39 - 0
info@hs-architekten.de
www.hs-architekten.de

FOTOGRAF:
Hinrich Franck

SEITE 54 | SANIERUNG HAUPTGEBÄUDE DER UNIVERSITÄT
Edmund-Siemers-Allee 1

BAUHERR:
Universität Hamburg

ARCHITEKTEN:
dinsefeestzurl architekten
Klopstockstraße 23
22765 Hamburg
(0 40) 86 60 01 - 0
info@dfz-hh.de
www.dfz-hh.de

FOTOGRAF:
Hagen Stier

//

SEITE 62 | SANIERUNG KONTORHAUS MESSBERGHOF
Meßberg 1

BAUHERR:
DB Real Estate

ARCHITEKTEN:
ASP Schweger Assoziierte
Valentinskamp 30
20355 Hamburg
(0 40) 35 09 59 - 0
info@schweger-architekten.eu
www.schweger-architekten.eu

FOTOGRAF:
Bernhard Kroll

SEITE 68 | **REVITALISIERUNG AUTOFABRIK GRINDEL**
Rentzelstraße 10 b

BAUHERREN: Detlef Andre und Tilman Bockhacker (1.-5. BA), Ingeborg Caselli (6. BA)

ARCHITEKT:
Carsten Roth Architekt
Rentzelstraße 10 b
20146 Hamburg
(0 40) 41 17 03 - 0
info@carstenroth.com
www.carstenroth.com

FOTOGRAF:
Klaus Frahm

//

SEITE 76 | **BÜRO UND DACHGESCHOSSAPPARTEMENT**
Klopstockstraße 23/25

BAUHERR:
privat

ARCHITEKTEN:
dinsefeestzurl architekten
Klopstockstraße 23
22765 Hamburg
(0 40) 86 60 01 - 0
info@dfz-hh.de
www.dfz-hh.de

FOTOGRAFEN: Angelo Kaunat (S.77, S.78, S.84), Hagen Stier (S.76, S.80 rechts, S.85), Jan Mueller-Wiefel (S.80, S.81)

SEITE 86 | **SANIERUNG DRAGONERSTALL**
Dragonerstall 9-13

BAUHERR:
Stiftung Denkmalpflege Hamburg

ARCHITEKTEN:
Grundmann + Hein Architekten
Eickhoffweg 42a
22041 Hamburg
(0 40) 6 56 00 66
info@arch-gh.de
www.gh-architekten.com

FOTOGRAFEN: Falk Jaeger (S.86, S.87, S.88 unten), Peter Dinse (S.89), Matthias Hein (S. 88 oben)

//

SEITE 90 | **KAISPEICHER B**
Magdeburger Straße 1

BAUHERR:
Stiftung Peter Tamm Sen.

ARCHITEKTEN:
Marcovic Lütjen Ronai und Voss Architekten
Hohe Bleichen 23
20354 Hamburg
(0 40) 2 26 68 - 0
office@mrlv.de
www.mrlv.de

FOTOGRAF:
Klaus Frahm

SEITE 98 | SANIERUNG KONTORHAUS SPRINKENHOF
Burchardstraße 8

BAUHERR:
ABG Wilhelmstraße Generalübernehmer GmbH

ARCHITEKTEN:
Kleffel Papay Warncke Architekten
Michaelisstraße 22
20459 Hamburg
(0 40) 3 55 55 - 0
mail@kpw-architekten.de
www.kkpw.de

FOTOGRAF:
Oliver Heissner

//

SEITE 106 | TOWNHOUSES FAHRZEUGHALLEN FALKENRIED
Straßenbahnstieg

BAUHERR:
Townhouses Falkenried GmbH

ARCHITEKTEN:
Spengler Wiescholek Architekten und Stadtplaner
Elbchaussee 28
22765 Hamburg
(0 40) 38 99 86 - 0
office@spengler-wiescholek.de
www.spengler-wiescholek.de

FOTOGRAF:
OPOLE6X6

SEITE 110 | UMNUTZUNG EHEMALIGE HYPOTHEKENBANK
Hohe Bleichen 17

BAUHERR:
Cogiton GmbH

ARCHITEKTEN:
SEHW Architekten
Bogenallee 14
20144 Hamburg
(0 40) 38 60 01 - 0
info.hamburg@sehw.de
www.sehw.de

FOTOGRAFEN: Christian Schaulin (S.110-115, S.118), Carsten Brügmann (S.116, S.117)

//

SEITE 120 | „HAUS IM HAUS" DER HANDELSKAMMER HAMBURG
Adolphsplatz 1

BAUHERR:
Handelskammer Hamburg

ARCHITEKTEN:
Behnisch Architekten
Rotebühlstraße 163A
70197 Stuttgart
(07 11) 6 07 72 - 0
buero@behnisch.com
www.behnisch.com

FOTOGRAF:
Hans Jürgen Landes

SEITE 128 | STADTLAGERHAUS
Große Elbstraße 27

BAUHERR:
Volksfürsorge Versicherungsgruppe

ARCHITEKTEN:
Jan Störmer Partner
Michaelisbrücke 1
20459 Hamburg
(0 40) 36 97 37 - 0
info@stoermer-partner.de
www.stoermer-partner.de

FOTOGRAFEN: Jan Störmer Partner (S.128, S.132, S.133), Red Saunders (S.129), Dirk Robbers/artur (S.131)

//

SEITE 136 | ARCHITEKTURBÜRO SPENGLER WIESCHOLEK
Elbchaussee 28

BAUHERREN UND ARCHITEKTEN:
Spengler Wiescholek Architekten und Stadtplaner
Elbchaussee 28
22765 Hamburg
(0 40) 38 99 86 - 0
office@spengler-wiescholek.de
www.spengler-wiescholek.de

FOTOGRAF:
OPOLE6X6

SEITE 144 | AZTEKENKONTOR
Schaarsteinwegsbrücke 2

BAUHERR:
Norddeutsche Grundvermögen GmbH & Co.KG

ARCHITEKTEN:
Akyol Kamps Architekten
Schaarsteinwegsbrücke 2
20459 Hamburg
(0 40) 2 26 22 64 - 0
office@akyol-kamps.de
www.akyol-kamps.de

FOTOGRAF:
Klaus Frahm

//

SEITE 148 | HOTEL IM WASSERTURM
Sternschanze 28

BAUHERR: Projekt Wasserturm Baugesellschaft E. Jo Storr und Patrizia Projektentwicklung, Augsburg

ARCHITEKT:
Architekturbüro Falk von Tettenborn
Grüntenstraße 22
80686 München
(0 89) 51 77 71 - 0
post@tettenborn.net
www.tettenborn.net

FOTOGRAF:
Klaus Frahm